MANA

Titel von Almut Irmscher in der Reise-Lesebuch-Reihe (ISBN: 978-3-95503-...)

Das **Island**-Lesebuch (127-5)
Das **Norwegen**-Lesebuch (130-5)
Das **Dänemark**-Lesebuch (133-6)
Das **Irland**-Lesebuch (136-7)
Das **Schottland**-Lesebuch (139-8)
Das **England**-Lesebuch (142-8)
Das **Portugal**-Lesebuch (146-6)
Das **Italien**-Lesebuch (149-7)
Das **Griechenland**-Lesebuch (152-7)
Das **Schweden**-Lesebuch (177-0)
Das **Kroatien**-Lesebuch (180-0)
Das **Toskana**-Lesebuch (183-1)
Das **Namibia**-Lesebuch (200-5)
Das **Nordsee**-Lesebuch (215-9)
Das **Ostsee**-Lesebuch (212-8)
Das **Spanien**-Lesebuch (209-8)
Das **Sardinien**-Lesebuch (231-9)
Das **Bayern**-Lesebuch (258-6)
Das **Österreich**-Lesebuch (260-9)
Das **Provence**-Lesebuch (269-2)
Das **Corwall**-Lesebuch (271-5)
Das **Neuseeland**-Lesebuch (284-5)

Titel von Gunhild Hexamer in der Reise-Lesebuch-Reihe:

Das **Kanada**-Lesebuch – Der Osten (186-2)
Das **Kanada**-Lesebuch – Der Westen (189-3)
Das **Kalifornien**-Lesebuch (203-6)
Das **USA**-Lesebuch (218-0)
Das **Florida**-Lesebuch (254-8)

Titel von Almut Irmscher in der City-Lesebuch-Reihe:

Das **Wien**-Lesebuch (234-0)
Das **Rom**-Lesebuch (237-1)
Das **Hamburg**-Lesebuch (240-1)
Das **Venedig**-Lesebuch (243-2)
Das **Amsterdam**-Lesebuch (252-4)

Diese Publikation ist im Katalog der Deutschen Nationalbibliothek verzeichnet; detaillierte bibliografische Daten unter http://dnb.dnb.de.

Titelfoto (Sossusvlei) u. Bilder im Innenteil: Almut Irmscher, Rosi Seidl
Umschlagentwurf, Satz und Layout: MANA-Verlag
Grafiken: Tabea Sudrow
Druck: Dardedze, Riga, EU
ISBN: 978-3-95503-200-5

Angaben zur Produktsicherheit nach GPSR

Produkt: Reise-Lesebuch Namibia
ISBN: 978-3-95503-200-5
Hersteller: MANA-Verlag
Adresse: Französische Str. 12, 10117 Berlin
Kontakt: hj@mana-verlag.de

MANA-Verlag.de
Reise-Lesebücher

Almut Irmscher

Das Namibia-Lesebuch

Impressionen und Rezepte aus dem Land von Wüste und Wildnis

Inhalt

Einführung

Mit diesem nunmehr 28. Band meiner Reise-Lesebücher verlasse ich erstmals den europäischen Kontinent und lade Sie dazu ein, mich auf eine Rundfahrt durch Namibia zu begleiten. Doch warum ausgerechnet Namibia?

Den Wunsch, das Land im Südwesten von Afrika zu besuchen, hegte ich schon seit vielen Jahren. Die Gründe dafür sind sehr persönlich und, wie ich zugeben muss, von märchenhaft-verträumten Vorstellungen geprägt. Denn zum einen habe ich meinen Kindern mehrfach „Die unendliche Geschichte" von Michael Ende vorgelesen. Wer das Buch kennt, weiß von Goab, der Wüste der Farben, einer magischen Gegend, in der zwar die Sonne alles Lebendige verglühen lässt, die aber, wie der Name schon verrät, auch von fantastischen Farben geprägt ist.

Zum anderen habe ich vor etlichen Jahren einen Bericht über die Wüste Namib im Radio gehört. Die Beschreibungen in dieser Reportage mischten sich mit den Traumbildern, die beim Lesen des Buchs entstanden waren und mich seither nicht mehr verlassen hatten. Daraus erwuchs meine Sehnsucht, selbst einmal inmitten des farbenprächtigen Sandmeers der Wüste Namib zu stehen und dessen Zauber auf mich wirken zu lassen.

Die Namib ist eine riesige Wüste, die sich auf einer Strecke von annähernd 2.000 Kilometern entlang der südwestlichen Küste Afrikas erstreckt und teilweise bis zu 160 Kilometer ins Landesinnere Namibias hineinreicht. Ihr verdankt das Land auch seinen Namen. Viele qualvolle Jahre hindurch litt die erhebliche Mehrheit der in dieser südwestafrikanischen Region lebenden Menschen unter der Drangsal wechselnder Fremdbestimmung.

Nach der Unabhängigkeit im Jahr 1990 ging es darum, ein versöhnendes Zeichen für den Aufbruch zu setzen und gleichzeitig all die unterschiedlichen Völker des Landes in den neuen Staat einzubinden, ohne eines davon zu bevorzugen oder zu benachteiligen. So setzte sich eine Idee des Politikwissenschaftlers Mburumba Kerina durch, der sich schon seit 1956 für die Unabhängigkeit seines Landes stark gemacht hatte und nun Mitglied der verfassungsgebenden Versammlung war. Die Wüste, die das Gesicht des Landes doch so maßgeblich prägt, hatte er schon viele Jahre zuvor als Namensgeberin vorgeschlagen. Deren Bezeichnung „Namib" stammt aus der Sprache des Volks der Nama, der „roten Menschen", die einst als nomadische Viehzüchter im südwestlichen Afrika lebten, hauptsächlich im Südosten des heutigen Namibia. „Namib" bedeutet so viel wie „Luftspiegelung" oder auch „große Fläche".

Doch Namibia besteht bei weitem nicht nur aus der prachtvollen Wüste Namib. Einen wesentlichen Teil des Landes nimmt auch die Kalahari ein, eine große Savanne, die sich über die Grenzen Namibias hinaus bis nach Botswana und in den Nordwesten Südafrikas hinein erstreckt. Weil sie im Wesentlichen von Sand und trockenem Dorngebüsch geprägt ist, wird auch die Kalahari oft als Wüste bezeichnet. Dank zahlreicher Fernsehdokumentationen über ihre faszinierende Tierwelt, die ich in meiner Kindheit gesehen habe, stellte auch die Kalahari für mich persönlich stets ein Wunschziel dar. Wollte ich doch einmal ihre stolzen Bewohner in freier Wildbahn sehen, die Elefanten, Nashörner, Giraffen, Strauße, Zebras, Löwen und all die anderen, statt immer nur hinter den Gittern ihrer begrenzten Gehege im heimischen Zoo.

Später las ich nicht minder faszinierende Berichte über die humanethologische Erforschung der Kalahari-Buschleute, über deren Sitten, deren Lebensweise und deren Fähigkeit, in der offensichtlich so lebensfeindlichen Umwelt der Trockensavanne als Jäger und Sammler zu überdauern. Sie bilden zahlreiche ethnische Gruppen, die unter dem Oberbegriff „San“ als Volk zusammengefasst werden. Die San gelten als direkte Nachfahren der ersten Menschen, die das südliche Afrika besiedelten. Zeichnerische Darstellungen von Tieren, die 1969 in einer Höhle im Süden Namibias entdeckt wurden, zeugen nicht nur davon, dass die Region schon seit langer Zeit von Menschen bewohnt ist. Mit ihrem Alter von 27.000 Jahren zählen sie auch zu den ältesten Malereien Afrikas, nach den noch älteren Höhlenbildern Indonesiens und Australiens sogar zu den ältesten von Menschenhand geschaffenen Kunstwerken überhaupt. Ob diese Zeichnungen allerdings von den Ahnen der San angefertigt wurden, ist unbekannt. Vielleicht sind die San auch erst vor deutlich kürzerer Zeit, nämlich vor rund 2.000 Jahren, aus Zentralafrika ins heutige Namibia eingewandert. Diese Frage ist in der Wissenschaft umstritten.

Neben den San sind Menschen aus der Volksgruppe der Damara die ältesten Siedler Namibias. Auch sie durchzogen seit Jahrtausenden als nomadisierende Jäger und Sammler die Region, ohne jedoch in einer kulturellen oder ethnischen Verbindung zu den San oder den anderen Völkern Afrikas zu stehen.

Dass Namibia heute ein Vielvölkerstaat ist, in dem die verschiedensten ethnischen Gruppen leben, ist auf mehrere Wanderungsbewegungen zurückzuführen. Ab dem 16. Jahrhundert kamen zunächst die Ovambo, ein Volk von Viehzüchtern und Bauern, das zu den Bantustämmen gehört. Diese Bantustämme, die im ganzen südlichen Afrika verbreitet sind, werden als solche aufgrund der gemeinsamen Wurzeln ihrer Sprachen zusammengefasst, auch wenn es etwa 500 verschiedene Bantusprachen gibt. Die Ovambo stellen heute mit fast 50 Prozent den größten Teil der Bevölkerung Namibias.

Im 17. und 18. Jahrhundert kamen die Herero, ein ebenfalls zu den Bantustämmen gehörendes Hirtenvolk. In der Folge drangen immer mehr Angehörige afrikanischer Völker nach Namibia vor, was durch die Kolonialpolitik der Europäer und die Willkür, mit der diese den Kontinent mit Grenzen durchzogen, verursacht wurde. Damit sorgten die Kolonialisten nicht nur für Unruhe unter den ursprünglich dort lebenden Menschen, die sich ihrer traditionellen Wege beraubt sahen. Sie trugen auch durch gewaltsame Vertreibungen zum allgemeinen Aufruhr bei. Bedingt durch die Kolonialherrschaft siedelten sich zudem Weiße verschiedenster Herkunft im Bereich des heutigen Namibia an.

Nun sind wir schon mitten in der Bevölkerungsstruktur Namibias und deren historischer Entwicklung angekommen, dabei wollten wir uns zunächst nur einen kurzen Überblick über das Land verschaffen. Doch gerade dem Kolonialismus ist es geschuldet, dass es den Staat Namibia in dieser Form überhaupt gibt, und auf jeden Aspekt des Landes hat er bis in die heutige Zeit maßgeblichen Einfluss. Sei es die Bevölkerung, die Pflanzen- und Tierwelt, die Infrastruktur, die sozialen Verhältnisse, die Wirtschaft oder die offizielle Amtssprache Englisch, immer wieder fällt der Blick auf die Folgen des Kolonialismus. Wir werden deshalb nicht umhinkommen, uns mit diesem Thema später noch ausführlicher zu befassen.

Doch kehren wir zunächst zum Land selbst zurück. Das Gebiet des heutigen Namibia zählt zu den allerältesten Teilen unserer Erdkruste, sein Festlandsockel erhob sich aus dem Urmeer, lange bevor der riesige Kontinent Gondwana in der Erdfrühzeit vor etwa 550 Millionen Jahren entstand. Das Festland Namibias, das später ein Teil Gondwanas werden sollte, ist dagegen schon unfassbare zwei Milliarden Jahre alt.

Neben der Namib im Westen und der Kalahari im Osten wird es durch das dazwischenliegende zentrale Binnenhochland geprägt, das durchschnittlich 1.700 Meter über dem Meeresspiegel liegt und von einigen Bergmassiven durchzogen ist. Markante Gebirge sind der Waterberg, ein etwa 240 Kilometer nördlich der Hauptstadt Windhoek befindliches Tafelbergplateau, und die noch einmal etwa 85 Kilometer nördlicher gelegenen Otaviberge. Windhoek wurde übrigens während der deutschen Kolonialzeit „Windhuk" geschrieben, und noch heute ist das die offizielle Schreibweise des Auswärtigen Amts. Ich habe mich dennoch in diesem Buch für die Verwendung der namibischen Schreibweise „Windhoek" entschieden.

Die höchste Erhebung Namibias ist mit 2.573 Metern der Königstein im Brandbergmassiv, das im Damaraland liegt, einer Region im Nordwesten des Landes. Sie entspricht annähernd dem ursprünglichen Siedlungsgebiet des Volks der Damara, ist aber keine historisch gewachsene Region, sondern hat eine willkürlich festgelegte Begrenzung. Es handelt sich dabei um ein sogenanntes „Homeland", ein im Rahmen der Apartheidpolitik definiertes Heimatgebiet von Schwarzen. Diese Einteilung sollte die Verwaltung vereinfachen, diente aber natürlich vor allem dazu, die betroffenen Menschen von den anderen zu trennen, dauerhaft zu isolieren und zu kontrollieren. Doch derartige Themenbereiche wollten wir ja zunächst ausklammern.

Namibia ist 824.116 Quadratkilometer groß. Damit ist es mehr als doppelt so groß wie Deutschland, genauer gesagt,

2,3-mal so groß. Ein kurioser Zufall ist, dass das Land Namibia rund 2,3 Millionen Einwohner hat. In Deutschland leben dagegen etwa 83 Millionen Bürger. Hätte Namibia eine vergleichbare Bevölkerungsdichte, so müssten dort rund 190 Millionen Menschen leben. Anhand dieses Vergleichs bekommt man eine gute Vorstellung davon, wie extrem dünn Namibia tatsächlich besiedelt ist. Es gehört sogar zu den am dünnsten besiedelten Staaten unserer Welt. Und das hat natürlich seinen Grund.

Wir wissen ja schon, dass Wüste und Steppe die vorherrschenden Landschaftsformen Namibias sind. Das bedeutet auch, dass Regen hier ein wahrlich rares Gut ist. Ackerbau, Obst- und Gemüsegärten bleiben deshalb ein schöner Traum, mal abgesehen von kleinen Gebieten im regenreicheren Norden des Landes.

Im sogenannten Caprivizipfel, einem in weiten Teilen nicht mehr als 30 Kilometer breiten Streifen, der an der nördlichen Landesgrenze wie ein ausgestreckter Arm 450 Kilometer weit ostwärts ins afrikanische Binnenland hineinreicht, gibt es sogar tropische Bedingungen mit enormem Wasserreichtum, der sich in heftigen Regenfällen und einer Luftfeuchtigkeit von bis zu 70 Prozent manifestiert. Der Caprivizipfel unterscheidet sich deshalb grundlegend vom restlichen Namibia.

Dass es diesen merkwürdigen Landstreifen überhaupt gibt, ist der deutschen Kolonialpolitik zu verdanken, die auf Biegen und Brechen eine Landverbindung quer durch den Kontinent nach Deutsch-Ostafrika hin schaffen wollte. Deutschland schloss daher 1890 einen Vertrag mit Großbritannien, durch den wechselseitig Ländereien verschachert wurden. Dabei entstand nicht nur der Caprivizipfel, auch die Insel Helgoland fiel im Zuge dessen an Deutschland. Im Austausch dafür erhielten die Briten unter anderem das Recht, die Insel Sansibar zu annektieren, deshalb bezeichnet man das Vertragswerk auch als Helgoland-Sansibar-Vertrag. Aber nun sind wir schon wieder bei der Kolonialpolitik gelandet, kehren wir lieber schnell zurück zu den Lebensbedingungen in Namibia.

Auch die Viehhaltung stellt in dem kargen Land ein Problem dar, sie ist im Grunde nur im namibischen Hochland möglich, wobei selbst dort das Nahrungsangebot für die Tiere mehr als dürftig ist. Wovon sollen die Menschen sich also ernähren?

Lebt man in unseren feuchten mitteleuropäischen Gefilden, dann kann man sich kaum vorstellen, wie trocken es in Namibia ist. Es ist im wahrsten Sinne des Wortes staubtrocken. Das hat den Vorteil, dass man als Reisender die Sommerhitze, von der die 30-Grad-Marke oft schon in den Morgenstunden geknackt wird, gar nicht als so dramatisch empfindet.

Alle anderen hätten es dagegen gerne ein bisschen feuchter, vor allem die Pflanzen, die bei der Dürre kaum überdauern können. Die meisten Sträucher und Bäume strecken deshalb während der überwiegenden Zeit des Jahres nur verdorrtes Geäst in die Höhe. Erst wenn im Hochsommer die Regenzeit einsetzt, hier auf der Südhalbkugel also etwa ab Mitte Dezember, entfalten sich zarte Blätter. Sie verschwinden genauso schnell wieder, sobald im April der Herbst Einzug hält und mit ihm der Regen wieder versiegt. Im Winter, vor allem in seinen kältesten Monaten Juli und August, kann es nachts sogar frieren, die Temperaturunterschiede zwischen Tag und Nacht sind dann vielerorts geradezu dramatisch.

Durchgehend kühler ist es lediglich in den Küstenregionen am Atlantik. Was bei uns der Golfstrom ist, dessen Wärme für ein relativ mildes Klima sorgt, das ist hier der Benguelastrom. Der bewirkt allerdings das glatte Gegenteil, er ist nämlich kalt und sorgt für entsprechende Temperaturen. Das Meerwasser erreicht selbst im Sommer kaum mehr als 15 Grad Celsius, und die krassen Temperaturunterschiede zwischen heißer Wüstenluft und kaltem Wind, der vom Meer heranweht, sorgen häufig für dichten Seenebel. In den Sommermonaten ist es an der Küste recht angenehm temperiert, im Winter hingegen oft empfindlich kalt. Und der Regen macht sich auch hier rar.

Wenn es aber nicht regnet, dann bleiben auch die Flüsse trocken. Die ausgetrockneten Flussbetten bezeichnet man auf namibisch-deutsch als „Rivier", ein Wort, das dem Afrikaans entlehnt wurde, der kolonial-niederländischen Sprache der südafrikanischen Buren. Während die Riviere sich fast das ganze Jahr hindurch knochentrocken durch das ausgedörrte Gelände schlängeln, können sie in der Regenzeit mitunter rasend schnell zu reißenden Strömen anschwellen. Doch allzu bald verkümmern sie wieder zu nichts als einer staubigen Schneise durch das vertrocknete Land.

Eine der ganz wenigen Ausnahmen bildet der Strom Okavango, der im Norden Namibias auf einer Strecke von etwa 400 Kilometern entlang der Grenze zu Angola und dann weiter quer durch den Caprivizipfel nach Botswana verläuft. Er führt ganzjährig Wasser, wenn auch in stark schwankenden Mengen, und versiegt am Ende seines Wegs restlos mitten im Binnenland des östlich an Namibia angrenzenden Botswana. Dort bildet er ein sumpfiges Delta, dessen Wasser schließlich im Staub der Kalahari versickert.

Einen Teil der weiteren Grenze zwischen Namibia und Angola markiert auf etwa 300 Kilometern Länge der Kunene, der mit einem bis zu 30 Kilometer breiten Delta an Namibias nordwestlicher Grenze in den Atlantik mündet. Auch der Kunene führt ganzjährig Wasser.

Gleiches gilt für den Oranje, der im Süden des Landes fließt und auf 500 Kilometern Länge die Grenze zu Südafrika bildet.

Er ist der zweitlängste Fluss des südlichen Afrikas und hat eine herausragende Bedeutung für die geomorphologische Gestalt der namibischen Küste und der Wüste Namib. Denn er transportiert gewaltige Mengen von Sand aus dem Inneren des Kontinents über seine Mündung hinaus in den Atlantischen Ozean. Nun trägt der Benguelastrom die Sandmassen weiter in Richtung Norden, und der ständig vorherrschende Südwestwind treibt den Sand vom Meer in Richtung Küste. Dort sammelt er sich zu Dünen, wodurch die Küstenzone beständig verbreitert wird. Die Verschiebung der Küstenlinie ist auch der Grund dafür, dass man teilweise weit im Landesinneren der Namib auf Schiffswracks trifft.

Und der Wind weht den Sand ohne Unterlass tiefer in die Namib hinein, wo er sich zu immer gewaltigeren Dünen auftürmt. Deshalb bezeichnet man den Oranje-Fluss auch als den „Vater der Namib“. Doch genug der Theorie. Machen wir uns endlich auf den Weg und begeben wir uns mitten hinein in die fantastische Welt der Wüste Namib!

Zur Abrundung Ihrer Eindrücke finden Sie viele Fotos aus Namibia auf meiner Website *www.almutirmscher.de.*

Willkommen in Namibia!

An dieser Stelle finden Sie in meinen anderen Büchern stets auch eine Begrüßung in der Landessprache. Doch welche sollte ich dieses Mal wählen?

Neben der Amtssprache Englisch existieren in Namibia noch Oshivambo (fast 50 Prozent der Namibier sprechen diese Sprache), Nama / Damara, Afrikaans, diverse Kavango- und Khoisan-Sprachen, Otjiherero und Deutsch. Private sowie einige staatliche Schulen dürfen teilweise in diesen Sprachen Unterricht erteilen, mitunter werden sie in bestimmten Regionen auch von den Behörden verwendet. Und zusätzlich zu den genannten existieren auch noch etliche Minderheitensprachen. Die meisten Namibier sprechen zwei oder drei Sprachen.

Namibia ist eben ein Vielvölkerstaat – eine bunte Regenbogennation, in der Menschen vielfältiger Ethnien beheimatet sind.

Die Wüste der Farben – zwischen den größten Sandbergen der Welt

Langsam schwindet die Dunkelheit, bleiches Grau tastet sich zaghaft über den östlichen Horizont. Es enthüllt die Konturen der flockigen Wolkenschicht, die den Himmel bedeckt. Die weite Ebene, an deren Rand wir uns befinden, und die zackigen Gipfel der Bergketten in der Ferne wirken wie schlaftrunkene Traumgebilde, die in der heraufdämmernden Wirklichkeit erst langsam erwachen. Ganz allmählich schält das Licht gleich neben uns die Konturen eines erhabenen Berges aus der nächtlichen Finsternis. Je heller das blasse Morgenlicht heraufzieht, desto stärker erwehrt sich dieser Berg dem allgegenwärtigen Grau. Von finsterem Anthrazit über drohend düsteres Rostbraun wechselt er sachte zu einem noch matten Lachsrot. Nun erkennen wir, dass der Berg aus nichts als Sand besteht. Und seine immer intensiver erstrahlende Farbe gemahnt zur Eile. Höchste Zeit, weiterzufahren, tiefer hinein in das sandige Herz der Wüste Namib.

Unser Ziel ist Sossusvlei, eine der schönsten Landschaften im Namib-Naukluft-Nationalpark. Die Zufahrt dorthin befindet sich in Sesriem, einer kleinen Siedlung am Fuß der Naukluft-Berge, und ist durch ein Tor verschlossen. Wer nicht in einem Wüstencamp am Parkeingang nächtigt, wo manchmal Ausnahmegenehmigungen erteilt werden, der darf erst bei einsetzendem Sonnenaufgang gegen Entrichtung einer

Gebühr in den Nationalpark hineinfahren, und sobald die Sonne am Abend unter den Horizont sinkt, muss er ihn wieder verlassen haben.

Der Weg ins Sossusvlei ist jetzt nicht mehr lang. Schon finden wir uns in der offenen Weite eines tellerflachen Tals, umringt von den Geschwistern jenes Sandbergs, der uns im Morgengrauen empfing. Kolossale Dünen türmen sich rings um uns auf, wohin unser Auge auch reicht.

Inmitten der ebenen Talsenke ragen die toten Äste eines gestorbenen Baumes wie ein düsteres Mahnmal gegen die mächtigen Wogen des Sandmeers. Und dieser stille Ozean der Dünen erwacht nun unter dem morgendlichen Spiel des Lichts zu einem einzigartigen Ballett der Farben. Schon öffnet sich die Wolkendecke, zaghafte Finger aus Sonnenstrahlen streichen über die sandigen Hänge und zaubern orange leuchtende Flecken in das noch dumpfe Rostrot. Sie sind wie das leise Flirren der ersten Töne einer Wagnerschen Ouvertüre.

Und ganz wie in der Ouvertüre setzt mit kraftvollem Crescendo unvermittelt das Orchester ein, als die Sonne schließlich die Herrschaft an sich reißt und die immer schmächtiger werdenden Wölkchen ihres Platzes verweist. Geradezu bombastische Akkorde komponiert sie im Wechselspiel mit den Dünen der Namib. Grell erglühen die Sandberge in den fantastischsten Nuancen von rostigem Rot über Lachsrosa bis Orange, scharf zeichnen sich ihre geraden Kanten vor den morgendlichen Schatten ab. Mitten in dieser bewegten Oper aus Farben verharrt nur das Skelett des einsamen Baumes ganz still. Fast möchte man meinen, es sei der Dirigent, vor Überwältigung erstarrt im Angesicht der grandiosen Pracht.

Die orangeroten Sanddünen sind es, die die Namib berühmt gemacht haben und meine Reiselust weckten. Und sie halten ihr Versprechen. Je nach Sonnenstand changieren ihre Farben in den intensivsten Tönen. Am bemerkenswertesten – und am fotogensten – präsentieren sie sich im frühen Morgenlicht oder später am Abend. Doch auch als die Sonne rasch über den Dünenkämmen emporsteigt und vom inzwischen wolkenlosen Azur auf uns hinunterglüht, spüren wir ungebrochen die Faszination dieser farbigen Wüste.

Obwohl das Sandmeer der Namib, das von der UNESCO seit 2013 als Welterbe gelistet wird, eine sagenhafte Fläche von 31.000 Quadratkilometern einnimmt, besteht die Namib doch nicht nur aus solch imposanten Dünen. Da gibt es auch endlose fahlweiße Ebenen, erhabene Bergzüge, tiefe Schluchten und zerklüftete Canyons.

Den nördlichen Teil der Namib beherrscht die Skelettküste, die sich vom Delta des Flusses Kunene an der Grenze zu Angola bis zur Mündung des Ugab-Riviers auf etwa 500 Kilometern Länge südwärts erstreckt. Der Benguelastrom tobt mit teilweise rasender Geschwindigkeit vor dieser Küste entlang, was schon vielen Schiffen zum Verhängnis wurde. Davon zeugen Hunderte von Wracks, von denen viele, wie schon erwähnt, dank der ständigen Anlandung neuer Sandmassen inzwischen tief im Landesinneren zu finden sind. Nicht nur das ist schaurig, auch das Schicksal der Schiffbrüchigen verlief hier tragisch. Konnten sie sich an das vermeintlich sichere Land retten, so fanden sie sich doch tatsächlich in nichts als einem Sandmeer des Todes wieder. Hier gibt es kein Wasser und weit und breit niemanden, der ihnen hätten helfen können. Sie verdursteten jämmerlich, und ihre Skelette sowie die ihrer Schiffe sind es, die der Küste ihren Namen gaben. Die Buschleute bezeichnen sie als „das Land, das Gott im Zorn erschuf".

Weiter südlich, von der Mündung des Ugab über Swakopmund und Namibias bedeutendsten Seehafen Walvis Bay, türmt sich die Namib zu reizvollen Dünen in pudrigem Rosa.

Im weiteren Verlauf nach Süden und Osten weiten diese sich zu einem enormen Sandmeer aus, das sich wiederum bis zur Hafenstadt Lüderitz erstreckt, die 400 Kilometer südlich von Walvis Bay liegt. Hier beginnt das ebenfalls zur Namib gehörende Sperrgebiet, das bis zum Fluss Oranje an der südafrikanischen Grenze reicht.

Die berühmten farbigen Dünen im gewaltigen Sandmeer der Namib sind kaum zugänglich. Es gibt zwei Möglichkeiten. Die eine besteht im Besuch des privaten Naturschutzgebiets der Tirasberge zwischen Lüderitz und der winzigen Siedlung Helmeringhausen, die rund 100 Kilometer von der Küste entfernt und 400 Kilometer südlich von Windhoek in der Wüste liegt. Helmeringhausen wurde 1919 von einem Sauerländer gegründet, der es nach seinem Heimatdorf benannte. Es besteht aus gerade mal acht Häusern mit kaum mehr Einwohnern. Doch weil es weit und breit nichts anderes gibt, kommt Helmeringhausen eine große Bedeutung als Versorgungsposten und touristischer Stützpunkt zu.

Die andere Möglichkeit, die fantastischen Dünen der Namib zu erreichen, bietet Sossusvlei. Betrachtet man eine Satellitenaufnahme der Namib zwischen Walvis Bay und Lüderitz, so ist ungefähr in der Mitte des Gebietes die aus Richtung Osten kommende, tief in das Dünenmeer eingeschnittene Kerbe des Sossusvlei sehr augenfällig. Es handelt sich dabei um den Endlauf eines Riviers, das eine breite Ebene durch die Sandberge gegraben hat und schließlich in ein paar Pfannen mit festem, hellem Belag aus Salz, Schluff und Ton versiegt.

Die geografische Erscheinung solcher Pfannen wird in Namibia als „Vlei“ bezeichnet, ein Wort, das dem Afrikaans entstammt. „Sossus“ hingegen ist eine Vokabel aus der Sprache des Volks der Nama und heißt „blinder Fluss“. Damit ist der Tsauchab gemeint, ein Rivier, das im östlich gelegenen

Naukluft-Gebirge entspringt und auf seinem weiteren Weg den so wilden wie engen Sesriem-Canyon ausgegraben hat. Dieser vermittelt einen guten Eindruck davon, welche energischen Wassermassen hier am Werk gewesen sein müssen, auch wenn er bei unserem Besuch völlig ausgetrocknet unter der Wüstensonne vor sich hindöst. Sein Name, Sesriem, bedeutet übrigens „sechs Riemen". Den verdankt er der Tatsache, dass vor gut hundert Jahren, als noch Ochsenkarren durch die Gegend fuhren, sechs der Riemen des Gespanns aneinandergeknotet werden mussten, um mit einem Eimer Wasser vom Grund des Canyons schöpfen zu können.

Weiter drängt sich das mächtige Rivier durch die Wüste, bis diese schließlich siegt und den stolzen Tsauchab im Sossusvlei versickern lässt, als sei er nur ein harmloses Rinnsal. Tatsächlich ist er zumeist nicht einmal das. Nur bei sehr ergiebigen Regenfällen im Naukluft-Gebirge schafft es der Tsauchab, sein Wasser bis zum Sossusvlei zu tragen, und weil es in der Namib immer trockener wird, kommt das nur alle Jubeljahre mal vor, mit anderen Worten, fast so gut wie nie. Schafft der Tsauchab es allen Hindernissen zum Trotz, dann füllen sich seine Endpfannen, die Vleis, für kurze Zeit mit flachen Seen.

Eine dieser Endpfannen ist das Deadvlei, zu dem wir gepilgert sind, auch wenn die Sonne inzwischen höher steht und der Marsch durch die Wüste nicht gerade erquicklich ist. Doch die Mühe lohnt sich, denn der Anblick der toten Kameldornbäume ist atemberaubend. Aus der fast weißen Kruste am Boden der Pfanne ragen ihre tiefschwarzen Stämme heraus, während sich im Hintergrund die orangeroten Dünenberge auftürmen. Hier stehen wir am Fuß von Big Daddy, mit bis zu 380 Metern Höhe ist er der Rekordhalter unter den Sandbergen der Namib und darüber hinaus eine der höchsten Dünen der ganzen Welt.

Die Kameldornbäume sind der erbarmungslosen Trockenheit des Deadvlei erlegen. Ihr Tod trat schon vor etwa 850 Jahren ein, bedingt durch die extreme Trockenheit verrottet ihr Holz seit damals nur äußerst langsam. Sie zeugen davon, dass es früher einmal feuchter gewesen sein muss und das Rivier des Tsauchab weitaus häufiger abkam – so nennt man das plötzliche Zutalstürzen der Wassermassen. Eine Klimaveränderung bewirkte geringere Regenfälle in den Bergen, dieser Umstand brachte die Bäume zum Verdorren.

Und das will etwas heißen, denn die Kameldornbäume sind robuste Überlebenskünstler. Sie überstehen die größte Sommerhitze und begnügen sich mit winzigsten Niederschlagsmengen. Selbst auf diese können sie im Grunde verzichten, denn sie bohren ihre Wurzeln bis zu 60 Meter tief in den Sand und gelangen dadurch selbst in trockenster Umgebung oft noch ans Grundwasser. Besonders gut gelingt das im Bereich der Riviere, wo sich das Grundwasser nicht ganz so weit unten im Erdreich verbirgt.

Und alle anderen Wüstenbewohner sind dankbar für den Schatten, den die dornigen Bäume mit ihrer ausladenden Krone spenden. So übrigens auch wir, als wir später mit hängender Zunge den Platz erreichen, an dem wir auf den Zubringer-Jeep warten müssen. Der soll uns die fünf Kilometer, die zwischen dem Beginn des Fußwegs zum Deadvlei und dem Ende der Asphaltstraße liegen, durch den Sand fahren. Welch ein Glück, dass an der Haltestelle ein Kameldornbaum gedeiht!

Die Asphaltstraße, die zum Sossusvlei und hinein bis fast zu dessen Ende führt, ist ein Luxus, der Touristen wie uns die Anfahrt erleichtert. Ansonsten sind befestigte Straßen in Namibia nämlich recht selten, es gibt sie fast nur im Umfeld größerer Städte und auf vielgenutzten Verbindungsrouten. Zumeist fährt man über Schotterpisten, die sogenannten Pads.

Sie werden zwar regelmäßig gepflegt, und doch sind sie ganz schön holprig. Legt man – wie wir – darauf weite Strecken mit relativ hoher Geschwindigkeit zurück, so wird man heftig durchgerüttelt. Von den Torturen, denen das Fahrzeug ausgesetzt ist, ganz zu schweigen.

Und wehe, man hat eventuell eine Panne. Über Entfernungen von zig Kilometern gibt es nichts als Wüste oder Steppe, und andere Verkehrsteilnehmer kommen nur selten vorbei. Der Trans-Kalahari-Highway zum Beispiel, die wichtigste Verbindungsstraße im südwestlichen Afrika, lässt allein vom Namen her eine vielbefahrene Hauptverkehrsroute vermuten. Zwar ist er zumindest asphaltiert, doch haben wir uns einen Spaß daraus gemacht, mitten auf der Fahrbahn in aller Seelenruhe zu fotografieren. Während der geschlagenen halben Stunde, die wir an dieser Stelle pausierten, kam nämlich nur ein einziges anderes Fahrzeug vorbei. Dass es unterwegs zudem meist kein Mobilfunknetz gibt, brauche ich wohl nicht zu betonen.

Doch kehren wir noch einmal ins Sossusvlei zurück. Inzwischen haben wir die Asphaltstraße wieder erreicht und begeben uns auf den Rückweg. Hier begegnen uns, wenn auch nicht wirklich viele, so doch deutlich mehr Autos als anderenorts, denn es handelt sich um einen der touristischen Hotspots Namibias. Hoch oben an der Kammlinie der Düne 45, die sich auf dem halben Weg im Sossusvlei befindet, zeichnen sich die Umrisse derer ab, die den beschwerlichen Aufstieg gewagt haben. Die Düne trägt ihre nüchterne Bezeichnung übrigens aufgrund der Tatsache, dass sie vom Zugangstor zum Nationalpark in Sesriem genau 45 Kilometer entfernt ist.

Entlang des Grats der Düne 45 kann man sie gleich von der Straße aus erklimmen, steil führt der Trampelpfad gute 150 Meter aufwärts durch den Sand. Gefühlt steigt man dabei mühsam einen Schritt hinauf und rutscht gleich zwei wieder hinunter. Wem das zu beschwerlich ist, der kann ab Walvis Bay oder Swakopmund einen Rundflug über das Wüstenmeer unternehmen. Auch Fahrten mit dem Heißluftballon werden angeboten, sie starten in der Ortschaft Sesriem.

Und bei einer solchen Tour mit dem Heißluftballon hat man bestimmt das Glück, nicht nur die orangeroten Wogen des Wüstenmeers in ihrer ganzen Herrlichkeit bestaunen zu können, sondern auch das Leben in der Namib zu entdecken. Denn die Wüste lebt! Selbst hier, in einem der trockensten Bereiche der Namib, erspähen wir Strauße, Bergzebras und vereinzelte Exemplare der zähen Oryx am Straßenrand.

Letztere, die schöne Antilope mit den bis zu anderthalb Meter langen schlanken Hörnern, ist das Nationaltier Namibias. Wegen ihrer auffälligen Gesichtszeichnung, die an europäische Gämsen erinnert, wird sie auch Gemsbock genannt, zudem ist der Name Spießbock gebräuchlich. Sie ist ein Musterbeispiel für Anpassungsfähigkeit und Zähigkeit, denn sie kann sehr lange Zeit ohne Wasser auskommen und ihren Flüssigkeitsbedarf allein durch pflanzliche Nahrung decken. Ihr weißer Bauch reflektiert die Hitze des Bodens, ein ausgeklügeltes System in der Nase kühlt ihr Blut. Ihre Körpertemperatur kann sie trotzdem auf deutlich über 40 Grad steigern, ohne Schaden zu nehmen. Auch die Oryxantilope ist also ein wahrer Überlebenskünstler. Und nicht nur das: Es gibt Wissenschaftler, die der Ansicht sind, dass diese Tiere das Vorbild für die mythologischen Einhörner darstellen. Denn betrachtet man die pferdeähnliche Antilope von der Seite, so verschmelzen ihre eng beieinanderstehenden Hörner zu einem einzigen.

Es gibt noch weitaus mehr Lebewesen in der Wüste Namib, damit wollen wir uns später befassen, wenn wir einen Blick auf Namibias Tier- und Pflanzenwelt werfen. Nach unserem Ausflug ins Sossusvlei bleibt an dieser Stelle nur noch eine Frage: Wie kommt die Farbe in die Wüste?

Die Antwort ist ganz einfach. Nicht nur im Sossusvlei, sondern vielerorts in Namibia sticht der intensiv rotbraune Boden ins Auge. Diese Färbung wird durch den hohen Anteil an Eisenoxid verursacht. Mit anderen Worten: Die Wüste rostet!

Rock Shandy – Namibias Nationalgetränk gegen den Durst

Zutaten:

Zitronenlimonade
Sodawasser
Angostura Bitter
Scheiben einer unbehandelten Zitrone
Eiswürfel

Zubereitung:

Zitronenlimonade und Sodawasser zu gleichen Teilen mischen und ein paar Spritzer Angostura hinzugeben. Eine Zitronenscheibe sowie einige Eiswürfel in ein hohes Glas geben und mit der Mischung übergießen.

Rock Shandy ist in Namibia als Erfrischung sehr beliebt. Gerne reicht man ihn auch als fast alkoholfreien Dämmerschoppen beim obligatorischen „Sundowner", dem gemeinschaftlichen Bewundern des spektakulären namibischen Sonnenuntergangs. Die meisten greifen dabei allerdings zu Drinks mit höherem Alkoholgehalt, Spitzenreiter in der Sundowner-Beliebtheitsskala ist Gin Tonic.

Allen Widernissen trotzend – Namibia kulinarisch

„Willkommen im Land der Fleischesser!" Das war einer der allerersten Sätze, die ich in Namibia hörte, ausgesprochen von einer weißen Farmersfrau auf einem riesigen Landgut in der Nähe von Windhoek. Und damit hatte sie im Grunde schon alles Wesentliche über die Küche ihrer Heimat gesagt. In einem so durstigen Land tut man sich mit jeder Form von Ackerbau schwer, um nicht zu sagen, er ist in den meisten Gebieten so gut wie unmöglich. Deshalb spielt Fleisch in der namibischen Küche eine ganz herausragende Rolle.

Das ist keine gute Nachricht für Vegetarier, die Namibia bereisen wollen, und schon gar nicht für Veganer. Tatsächlich ist fleischfreie Kost hier eher die Ausnahme, und wer auf Fleisch oder tierische Produkte im Allgemeinen verzichten möchte, der sollte das bei der Reiseplanung berücksichtigen und die Möglichkeiten im Vorfeld abklären. In größeren Hotels ist das meist weniger problematisch, aber kleine Lodges bieten oft ein einheitliches Menü für alle Gäste, und das besteht nun einmal im Wesentlichen aus Fleisch. Sonderwünsche sollten also angemeldet werden.

Schon für die Buschleute und die Damara stellte die Jagd ein unverzichtbares Element bei der Nahrungsbeschaffung dar. Und dennoch lebten sie keinesfalls ausschließlich von Fleisch. Denn auch in der Namib, im Binnenhochland und in der

Kalahari gibt es Früchte, Nüsse und essbare Wurzeln. Große Bedeutung kommt diesbezüglich dem Mankettibaum zu, der bis zu 25 Meter hoch werden kann und am liebsten als Solitärgewächs in der offenen Grassavanne gedeiht. Seine Wurzeln ragen tief bis ans Grundwasser hinab, trotzdem wirft er im trockenen namibischen Winter sein Laub ab. Dieser Baum ist ein wahrer Segen, denn er bringt eine ganze Masse von Früchten hervor. Ihr Fleisch ist süß und erinnert geschmacklich an Datteln, genau wie deren Fruchtfleisch kann man es trocknen und damit einen Nahrungsvorrat für mehrere Monate schaffen. Dann kaut man es langsam, es lässt sich aber auch ein nahrhafter Brei daraus kochen.

Noch interessanter sind allerdings die Kerne dieser Früchte, die nussartigen Samen, die als Mongongonüsse bezeichnet werden. Unter deren harter Schale verbirgt sich ein haselnussgroßes essbares Inneres, das sehr ölhaltig und entsprechend gehaltvoll ist. Um da ranzukommen, muss man die Schale mit einem Stein aufbrechen. Sie ist nämlich wirklich sehr robust. Auch Elefanten und Kudu-Antilopen verzehren gerne die Früchte des Mankettibaums, die Samen verlassen dabei ihren Verdauungstrakt unversehrt. In den Kothaufen findet man sie dann im wahrsten Sinne des Wortes zuhauf, Menschen können sie dort ganz bequem einsammeln. Kurz gesäubert und dann aufgeknackt, sollen sie nach der vorhergegangenen Prozedur angeblich ganz besonders schmackhaft sein. Aus Mongongonüssen wird inzwischen auch Öl hergestellt, das nicht nur in der Küche, sondern auch als Mittel zur Schönheitspflege eingesetzt wird. Es soll, so wird behauptet, für besonders zarte, glatte Haut und kräftiges Haar sorgen.

Ähnlich großzügig wie der Mankettibaum beschenkt der Marulabaum, auch Elefantenbaum genannt, Mensch und Tier mit seinen Früchten. Selbst bei nur spärlichen Regenfällen bringt er eine ganze Menge goldgelber Früchte hervor, auch hier enthält der Kern einen ölhaltigen, essbaren Samen. Die dünne Schicht des Fruchtfleischs schmeckt säuerlich und erfrischend, es beginnt sehr schnell mit der Gärung. Die Ovambo im Norden Namibias feiern ein Marula-Frucht-Fest und genießen dabei den mit Wasser vermischten Saft, der innerhalb weniger Tage zu einer Art Marula-Bier vergoren ist. Außerdem wird der auch bei uns erhältliche Amarula-Likör aus den Früchten hergestellt, und selbst Tiere wissen deren schnelle Gärung zu schätzen.

Für großes Vergnügen unter den Zuschauern sorgten die nach Verzehr von Marula-Früchten offenbar betrunkenen Elefanten im südafrikanischen Film „Die lustige Welt der Tiere" von 1974. Wissenschaftler meinen allerdings, dass der Alkoholgehalt der Früchte bei weitem nicht ausreichen kann, um einen Elefanten in einen Rauschzustand zu versetzen. Verantwortlich für das Torkeln der Dickhäuter war wohl eher eine giftige Käferpuppe, die sie unbeabsichtigt als Beikost verzehrten. Buschleute verwenden diese Puppen zur Herstellung vergifteter Pfeilspitzen.

Eine Rolle in der pflanzlichen Ernährung spielt außerdem seit jeher die Nara, ein dorniger Strauch, der zur Familie der Kürbispflanzen gehört und nur in Namibia vorkommt. Sein Habitat ist ein bis zu 60 Kilometer breiter Streifen entlang der gesamten Küste der Namib, er wächst in Rivieren und überall, wo das Grundwasser für die bis zu 30 Meter in die Tiefe reichenden Wurzeln erreichbar ist. Seine Früchte werden etwa so groß wie ein Straußenei, sowohl das Fleisch als auch die öl- und eiweißhaltigen Samen sind genießbar. Nara-Öl spielt inzwischen bei der Herstellung von Kosmetika ebenfalls eine Rolle.

Für die als Jäger und Sammler lebenden Völker Namibias genoss zudem die Tsamma-Melone Bedeutung. Dabei handelt es sich um eine recht nahrhafte Wildform der Wassermelone, deren Geschmack kartoffelähnlich ist.

Sollten Sie nach dem kulinarischen Schauder im Absatz über die Mongongonüsse inzwischen erleichtert aufgeatmet haben, so muss ich Sie leider doch noch einmal aus unseren mitteleuropäischen Essgewohnheiten entführen und Ihnen einen weiteren Schrecken einjagen. Beginnen wir ganz harmlos mit dem Mopane, einem sehr verbreiteten Laubgehölz, das je nach Bedingungen strauchartig oder als Baum wächst. Der Mopane ist äußerst genügsam, gedeiht auch auf magersten Böden und bei extremer Trockenheit. Er stellt einen wichtigen Lieferanten für Brennholz dar, auch als Baumaterial wird sein Holz sehr geschätzt, denn es ist so hart, dass selbst die gefräßigen Termiten es verschmähen. Aus der Rinde kann man Schnüre herstellen, die Blätter setzten die Naturvölker zur Wundheilung und als Mittel gegen Magenbeschwerden ein. In kulinarischer Hinsicht taugen die Blätter hingegen nicht, denn sie riechen nach Terpentin.

Das schreckt allerdings den recht hübsch in Erdfarben gezeichneten Nachtfalter nicht, der auf den Mopaneblättern seine Eier ablegt. Daraus schlüpfen Raupen, die sich von den Blättern ernähren. Und diese Mopane-Raupen wiederum gelten als echte Delikatesse. Die wurmartigen Larven sind nicht nur sehr eiweißreich und damit nahrhaft, sondern sollen knusprig geröstet und mit würzigen Saucen oder als „Mopanewurmsuppe“ serviert auch sehr schmackhaft sein. Stellten sie früher eine saisonale Ergänzung des Speiseplans dar, so werden sie seit einigen Jahrzehnten systematisch eingesammelt und getrocknet oder in Dosen konserviert. So sind sie das ganze Jahr über verfügbar. Das Raupensammeln stellt für viele Menschen zudem eine wichtige Einnahmequelle dar.

Dass auch Termiten, Schlangen und Heuschrecken einen Platz in der traditionellen Ernährung finden, kann uns nun nicht mehr schockieren. Ein Herero erzählte uns genüsslich davon, wie er und seine Geschwister in der Kindheit Frösche am Wasserloch einsammelten. Diese wurden mit Stumpf und Stiel gekocht, danach wurde die grüne Haut abgezogen und das Fleisch verzehrt.

Doch wenden wir uns nun den weniger exotisch anmutenden Nahrungsmitteln Namibias zu. Dort, wo nicht ganz so große Dürre herrscht, vornehmlich im Nordosten Namibias, wird Perlhirse angebaut, auch Mahangu genannt, ein Wort aus der Sprache Oshivambo. Mahangu ist recht genügsam und benötigt zum Gedeihen nicht allzu viel Regen. Die Körner schmecken nicht schlecht und haben einen guten Nährwert. Mit Sorghum, einer anderen regionalen Hirseart, vermischt und unter Zugabe von Wasser stellt man daraus Oshikundu her, eine Art Bier. Jeder Haushalt hat dabei sein eigenes Rezept, auch der Alkoholgehalt ist sehr unterschiedlich, wenn auch meist äußerst gering.

Man bereitet aus Mahangu aber in erster Linie Pap zu, ein Grundnahrungsmittel in Namibia. Während der Kolonialzeit wurde Mais nach Namibia eingeführt, seitdem wird Pap in den meisten Teilen des Landes aus Maismehl zubereitet. Dann spricht man von Mielie- oder auch Mealie-Pap. Dazu mischt man das Mehl mit Wasser und/oder Milch, wobei die Herero Kuhmilch bevorzugen, die Damara hingegen Ziegenmilch. Meist wird zur Zubereitung von Pap Omaere verwendet, eine in Namibia sehr beliebte Sauermilch, die wiederum sowohl aus Kuh- als auch als Ziegenmilch gewonnen wird.

Pap wird morgens gekocht und zu allen Mahlzeiten des Tages mit der Hand gegessen. Was vom weichen Frühstücksbrei übrig bleibt, trocknet im Lauf der Stunden zu einem festen

Fladen heran. Am Abend begleitet dieser dann die Fleischmahlzeit.

Nun sind wir also endlich beim Fleisch angekommen. Bevor viehzüchtende Völker nach Namibia kamen, wurde dieses durch Jagd erbeutet, das Spektrum der Beutetiere reichte dabei vom Buschhasen bis zur Giraffe. Das Fleisch wurde über dem Feuer geröstet, heute nimmt man den Grill, diese Zubereitungsart heißt in Namibia Braai. Das Wort entstammt der Sprache Afrikaans, das Grillfleisch nennt man Braaivleis, der typische Grill heißt Braaistand. Letzterer hat einen ziemlich großen Rost, denn das Braai genießt einen hohen Stellenwert als gesellschaftliches Ereignis, das bedeutet, dass viele Fleischstücke auf dem Braaistand Platz finden müssen. Man befeuert ihn traditionell mit Holz des Kameldornbaums, denn dessen Glut ist äußerst ergiebig. Trotzdem setzt sich auch in Namibia die praktische Holzkohle immer mehr durch.

Auf den Braaistand kommt neben den Fleischstücken die Boerewors, eine Bratwurstschnecke aus kräftig gewürztem Hack, meist einer Mischung aus Fleisch von Rind, Lamm, Schwein und Wild.

Das namibische Rindfleisch wird zu großen Teilen exportiert, vielfach grillt man deshalb Wild, sei es ein Oryx-Steak, eins vom Springbock, vom Kudu, von der Impala-Antilope oder was Namibia sonst noch so an Wildbret zu bieten hat. Das alles ähnelt geschmacklich übrigens mehr oder weniger dem Rindfleisch, weiß man es nicht besser, so bemerkt man den Unterschied meist gar nicht. Und weil Wild aus südafrikanischen Regionen bei uns nur schwer erhältlich ist, werde ich in den entsprechenden Rezepten dieses Buchs geeignete Alternativen angeben.

Hatten die traditionellen Jäger ein größeres Tier erbeutet, so konnte der Stamm natürlich nicht alles Fleisch auf einmal verzehren. Der Rest wurde deshalb in dünne Streifen geschnitten und getrocknet, ein Prozess, der sich bei den klimatischen Voraussetzungen recht schnell vollzieht. Daraus entwickelten die ab dem 17. Jahrhundert im südlichen Afrika einwandernden Europäer Biltong, der heute in Namibia ein weit verbreitetes Grundnahrungsmittel darstellt. Biltong ist luftgetrocknetes Fleisch, das zuvor mit Essig oder Salpeter (Pökelsalz) behandelt und mit einer Würzmischung eingerieben wird. Essig beziehungsweise Salpeter dienen dabei dazu, ein bestimmtes toxisches Bakterium abzutöten oder zumindest dessen Wachstum zu hemmen. Je nach Durchtrocknungsgrad ist der so behandelte Biltong bis zu zwei Jahre haltbar. Man macht ihn aus allen möglichen Fleischarten, nicht nur Rind, sondern auch Wild wie Strauß, Oryxantilope, Zebra, Kudu oder Springbock wird dafür verwendet. Man kocht Biltong in Eintopfgerichten mit oder verzehrt ihn als Snack, wer ihn kosten möchte, kann ihn auch bei uns übers Internet bestellen.

Wie man am Beispiel des Biltongs und des Paps bereits erkennt, haben Einwanderer die Küche Namibias maßgeblich beeinflusst. So kommt es, dass diese heute eine breite Palette von Rezepten aufweist, die mitunter gar nicht mehr so afrikanisch wirken. Denn wer würde schon auf die Idee verfallen, Schwarzwälder Kirschtorte als typisch namibischen Leckerbissen zu betrachten?

Die deutschen Kolonialherren führten eine Vielzahl typischer Gerichte aus ihrer Heimat in Namibias Küche ein. Deshalb findet man hier noch heute Spezialitäten wie Grillhaxe, Bratwurst, Landjäger, Kassler mit Sauerkraut und Kartoffelpüree oder Braten mit Soße, Rotkohl und Klößen. Aber auch frische Brötchen, Vollkornbrot, Pumpernickel, Bienenstich, Käsekuchen oder Apfelstrudel und natürlich die unvermeidliche Schwarzwälder Kirschtorte, ja, sogar Weihnachtsstollen.

Auch der Deutschen liebstes Getränk darf nicht fehlen, der Genuss des nach dem deutschen Reinheitsgebot von 1516 in Namibia gebrauten Biers gehört längst ganz selbstverständlich zur namibischen Lebensart.

Die südafrikanischen Buren brachten ihre beliebten Eintopfgerichte mit nach Namibia, die Potjiekos. Dabei schmoren die Zutaten in einem dreibeinigen gusseisernen Topf, dem Potjie, langsam über offenem Feuer, eine praktische Sache, wenn man als nomadisierender Rinderhirte mit dem Ochsenwagen durchs Land zieht. Als Zutaten dienten ursprünglich Reis, Trockenfleisch und was man mit Glück unterwegs noch so fand. Und während der Nacht wurde Teig über der restlichen Glut im Potjie zu Brot gebacken.

Heute gibt es ein breites Spektrum der verschiedensten Rezepte für Potjiekos. In diesem Zusammenhang möchte ich Günther erwähnen, der in seinem kleinen Restaurant mitten im Nirgendwo der Namib Bobotie serviert, ein Schmorgericht aus Hackfleisch und Gemüse. Das Interessante daran ist, dass seine Kochstelle aus nichts als einer konkaven, mit Alufolie ausgelegten Schüssel besteht. In die Mitte davon stellt Günther einen Topf mit Reis, und allein die Kraft der Wüstensonne sorgt für dessen Garung. Das Bobotie schmort derweil nebenan in einer nach dem gleichen Prinzip funktionierenden Kochstelle, die mit einer Glasplatte abgedeckt ist. Dieser Sonnenbackofen erreicht dabei Temperaturen von bis zu 170 Grad.

Aus der gleichen Tradition wie Potjiekos und Bobotie stammt Chakalaka, ein pikantes Gemüsegericht, das aus Südafrika nach Namibia importiert wurde. Es entstand wohl ursprünglich, weil alles in einen Topf geworfen wurde, was noch an Essbarem aufzutreiben war. Chakalaka gibt es in verschiedenen geschmacklichen Variationen als Würzsauce, aber auch als Suppe oder Eintopf.

An der Küste Namibias bereichern Fisch und Meeresfrüchte den Speisezettel, besonders die Austern aus Lüderitz, Walvis Bay und Swakopmund genießen einen exzellenten Ruf. Sie können sich allerdings im kalten Wasser des Benguelastroms nicht vermehren, weshalb Larven als „Saataustern" importiert werden müssen. Dafür gedeihen sie dann im planktonreichen Wasser umso schneller, eine Größe, zu der Austern anderswo in drei Jahren heranwachsen, erreichen sie hier schon binnen eines einzigen Jahres. Sie sollen ganz hervorragend schmecken. Ich kann das leider nicht beurteilen, obwohl ich mich dazu durchgerungen habe, sie mal zu kosten. Aber für mich ist das einfach nichts. Weitaus sympathischer ist mir da der hoch aromatische grüne Spargel, der im Flussbett des Swakop in Swakopmund angebaut wird und eine lokale Spezialität darstellt.

Wo Brunnen gute Bewässerungsmöglichkeiten bieten, wird inzwischen in den Gärten auch anderes Obst und Gemüse angebaut. Doch das ist ein ständiger Kampf gegen Trockenheit und allzu große Hitze. Besonders beliebt ist der Gem Squash, eine im Süden von Afrika weit verbreitete Kürbissorte. Optisch ähnelt er kleinen, runden Zucchini, hat aber einen nussigeren Geschmack. Neben Gem Squash spielen Kartoffeln, Mais und Mangold eine große Rolle in der Gemüseküche. Im größeren Stil haben Obst und Gemüse erst mit den Import- und Kühlmöglichkeiten unserer Zeit in die lokalen Rezepte Einzug gehalten.

Es gibt allerdings zwei ganz besondere Pilze, die fast nur in Namibia vorkommen. Zum einen ist das der Kalaharitrüffel, ein sehr seltener Pilz, der während der Regenzeit unter der Erdoberfläche runde dunkelbraune Fruchtkörper bildet. Die Buschleute sammeln ihn seit jeher als Speisepilz, sie erkennen ein Vorkommen an feinsten Rissen und winzigen Buckeln im

Boden. Kalaharitrüffel schmecken milder als die Trüffel, die wir in Europa kennen.

Zum anderen gedeiht in der Regenzeit der Omajova, auch Termitenpilz genannt. Er wächst nämlich am unteren Bereich von Termitenhügeln und bildet weiße Schirme, die recht groß werden. Diese müssen schnell gesammelt werden, denn auch manche Tiere, wie zum Beispiel Warzenschweine, sind scharf darauf. Geschmacklich ähneln die Omajovas unseren Champignons, man kann sie braten oder in Suppen, Eintöpfen und Saucen verwenden.

Alle namibischen Speisen würzt man kräftig mit verschiedenen Gewürzen und mit Kalahari-Salz, das aus unterirdischen Salzseen gewonnen wird, in denen 280 Millionen Jahre altes Steinsalz gelöst ist. Alternativ kann man Salzperlen aus der Namib verwenden. Diese entstehen durch Meerwasser, das im Küstenbereich verdunstet. Das darin enthaltene Salz wird vom Wind zu Kügelchen geformt und mitunter weit ins Landesinnere der Wüste getragen. An der Küste bei Swakopmund und Walvis Bay gab es große natürliche Vorkommen von Meersalz, die in der ersten Hälfte des letzten Jahrhunderts ausgebeutet wurden. Hier wird nun Meerwasser zur Verdunstung in Becken geleitet, um weiterhin Salz gewinnen zu können.

Die in Namibia servierten Desserts sind durchweg von kolonialen Einflüssen geprägt. Die San, die Damara und die ursprünglichen Hirtenvölker kannten den Luxus einer süßen Nachspeise nicht. Umso süßer und kalorienreicher sind die durchweg als „Pudding“ bezeichneten Leckereien, die heutzutage ein namibisches Menü abrunden. Zumindest in den bessergestellten Haushalten. Denn obwohl Namibia zu den wohlhabenderen Staaten Afrikas gehört, ist die Arbeitslosigkeit mit gut 34 Prozent sehr hoch. Entsprechend krass öffnet sich die Kluft zwischen Arm und Reich.

Die Farmersfrau, die mich zu Beginn dieses Kapitels in Namibia willkommen hieß, gehörte zur privilegierten Bevölkerungsschicht. Sie begrüßte mich in fließendem Deutsch, ganz offensichtlich ihre Muttersprache. Trotzdem ist sie Namibierin, und das schon in der vierten Generation. Wie ist es dazu gekommen?

Mielie-Pap mit Chakalaka-Gemüse

Zutaten für 4 Personen:

300 g Maismehl
100 g Hirse
800 ml Milch (oder Sauer milch)
40 g Butter
8 Tomaten
2 rote Paprikaschoten
2 grüne Paprikaschoten
2 Zwiebeln
4 Möhren
¼ Weißkohl
2 Knoblauchzehen
1 Dose Baked Beans
½ Bd. Koriander
1 Chilischote
2 El Tomatenmark
1 El brauner Zucker
2 El Worcestersauce
2 Tl scharfes Currypulver
1 Tl Senfpulver (oder Senf)
½ Tl Nelkenpulver
½ Tl geriebene Muskatnuss
Speiseöl
Pfeffer, Salz

Zubereitung:

Die Milch in einen Topf geben, salzen und erhitzen (nicht aufkochen). Das Maismehl mit dem Schneebesen rührend in die heiße Milch geben. Die Hitze reduzieren und das Ganze 20 Minuten leicht simmern lassen, dabei mit dem Deckel abdecken, aber immer wieder umrühren.

Nun die Hirse in einem Sieb unter fließendem Wasser abspülen und in die Masse einrühren. 5 Minuten weiterköcheln, dabei immer wieder rühren. Sollte die Masse gar zu fest werden, etwas Wasser hinzugeben.

Dann den Herd ausschalten und die Masse darauf noch 20 Minuten stehenlassen, dabei mit dem Deckel abdecken. Vor dem Servieren die Butter hinzugeben, schmelzen lassen und gut verrühren.

Für das Chakalaka-Gemüse Tomaten und Paprika waschen, putzen und in mundgerechte Stücke schneiden. Die Möhren putzen und in Scheibchen schneiden.

Den Strunk des Weißkohls entfernen und den Kohl in feine Streifen schneiden. Die Zwiebeln schälen und würfeln. Die Chilischote entkernen und zusammen mit den enthäuteten Knoblauchzehen fein hacken. Die Korianderblättchen abzupfen und grob hacken.

In einem Topf einen Schuss Speiseöl erhitzen, Möhren, Paprika und Zwiebeln hineingeben und scharf anbraten, bis sie zu bräunen beginnen. Nun das Tomatenmark hinzugeben, verrühren und kurz mitbraten. Weißkohl, Tomaten, Knoblauch und Chili hinzufügen, aufkochen, dann die Hitze reduzieren. Mit dem Deckel abdecken und 10 Minuten bei milder Hitze köcheln lassen, gelegentlich rühren. Dann die Baked Beans, Zucker, Curry, Worcestersauce, Nelken- und Senfpulver unterrühren, salzen und kräftig pfeffern. Noch einmal 5-10 Minuten bei schwacher Hitze köcheln lassen, ab und zu rühren. Vor dem Servieren den Koriander unterrühren.

Das Mielie-Pap auf Tellern anrichten und das Chakalaka-Gemüse darübergeben.

Das Gericht reicht man zum Grillfleisch, man kann es natürlich auch als vegetarische Mahlzeit servieren.

Clash der Welten – deutsche Kolonialisten in Südwest

Mir sind zwei recht alte Bücher in die Hände gefallen. Das eine gab mir mein Nachbar, es ist 1913 erschienen und erzählt die Geschichte des deutschen Soldaten Alfred von Winkler aus Südpreußen, der Ende des 19. Jahrhunderts in Cuxhaven aufbricht, um bei der sogenannten Schutztruppe im damaligen Deutsch-Südwestafrika Dienst zu tun.

Das andere handelt von den Erfahrungen des Gustav Voigts aus Meerdorf bei Peine im heutigen Niedersachsen, den es zunächst nach Chile verschlägt, der aber, als dort 1891 eine Revolution ausbricht, ebenfalls nach Deutsch-Südwest kommt. Im Gegensatz zu von Winkler dient Voigts zunächst nicht als Soldat, sondern beabsichtigt von Anfang an, sich im Süden Afrikas eine Existenz aufzubauen. Er handelt mit Vieh, und im Lauf der Jahre gelingt es ihm, immer größere Ländereien in der deutschen Kolonie zu erwerben. 1926 beläuft sich sein Besitz schließlich auf 25 Farmen mit einer Gesamtfläche von 200.000 Hektar.

Von Winkler hingegen ist so angetan von Südwestafrika, dass er seinen kargen Lohn spart, um sich nach Ende seiner dreijährigen Dienstzeit ein vergleichsweise bescheidenes Landstück von 3.000 Hektar Größe in der Region Omaheke, dem Stammland der Herero, zu kaufen. Das gibt es für relativ kleines Geld und zudem zu äußerst günstigen Kreditbedingungen. Denn der deutschen Regierung ist daran gelegen, die Kolonie dauerhaft mit ihren Landsleuten zu besiedeln.

Die jungen Männer haben aber noch mehr gemeinsam. Voigts und von Winkler sind Bauernsöhne, und in ihrer Heimat ist es üblich, dass der elterliche Landbesitz an den jeweils Erstgeborenen fällt. Und das sind beide nicht. Voigts schildert recht anschaulich die Aussichtslosigkeit der Situation jüngerer Bauernsöhne. Um eine höhere Bildung finanzieren zu können, fehlt das Geld, außer einer einfachen Beamtenlaufbahn oder dem Amt eines Pfarrers bleibt ihnen nur die wenig verlockende Aussicht, ihr Dasein als niederer Knecht zu fristen. Viele Bauernsöhne jener Zeit suchen deshalb ihr Glück in der Ferne, mit der Hoffnung, dort zu eigenem Landbesitz zu kommen. Doch warum erwählen Voigts und von Winkler ausgerechnet Südwestafrika zu ihrer neuen Heimat, eine Region, von der wir wissen, dass sie hauptsächlich durch Wüste, Steppe und extremen Wassermangel geprägt ist? In der sie, wie beide eindrucksvoll schildern, dadurch bedingt mit schwersten Problemen zu kämpfen haben?

Schon ab dem 16. Jahrhundert hatten die Seefahrernationen Portugal und Spanien damit begonnen, Kolonien in Besitz zu nehmen. Ihnen folgten die Niederländer und ab dem 18. Jahrhundert die Franzosen, vor allem aber mit aufsteigender Macht die Briten. Auf dem Gipfel seiner territorialen Ausdehnung beherrschte Großbritannien zu Anfang des 20. Jahrhunderts ein Gebiet, das ein Viertel der Landfläche unseres Planeten ausmachte. Deutschland hinkte dieser Entwicklung hinterher. Denn bis zur Proklamation des Deutschen Kaiserreichs im Jahr 1871 bestand es aus einer Vielzahl von Fürstentümern und Reichsstädten, die untereinander mit so allerhand beschäftigt waren, doch bestimmt nicht damit, gemeinsam aufzutreten und Kolonien in der Ferne zu erobern. Als nun endlich ein gesamtdeutscher Staat aus der Taufe gehoben wurde, erstarkten politische Kräfte, die den völkischen Nationalismus zur verbindenden Ideologie erhoben, womit die bisherige kleinstaatliche Identität überwunden und in eine großdeutsche gewandelt werden sollte. Pathetische Nationaldenkmäler, die in dieser Zeit entstanden, zeugen noch heute von diesen Bestrebungen. Die Propaganda fiel auf fruchtbaren Boden, aus dem ein bis zur Überheblichkeit gesteigerter Nationalstolz erwachsen sollte.

Schnell erhoben sich Stimmen, die lautstark forderten, auch das Deutsche Kaiserreich müsse Kolonien haben, um damit seine Bedeutung in der Welt und seinen Anspruch als Großmacht zu untermauern. Dumm nur, dass die Sahnestückchen unseres Planeten zu dieser Zeit schon vergriffen waren. So fiel der Blick auf die verbliebenen Reste. Dazu gehörte ein Territorium im Südwesten Afrikas.

Schon lange zuvor hatten Portugiesen die Küste dieser Region besucht. Sie unternahmen sogar ein paar Erkundungszüge ins Landesinnere, denn es kursierten Gerüchte, dass die dort lebenden Herero über einen sagenhaften Reichtum an Rindern verfügten. Allerdings blieben diese Exkursionen erfolglos, genau wie die späteren Versuche der Briten, das Land an sich zu bringen. Britische Kolonialisten vereinnahmten die Walfischbucht und die Pinguininseln vor der südlichen Küste, hielten sich aber vom unwirtlichen Landesinneren fern. Hier zogen zwar einige Missionare und Händler herum, die um Schutz vor den Einheimischen baten, doch die Briten lehnten ihr Ersuchen rundheraus ab. Niemand schien also Ansprüche auf Südwestafrika zu erheben. Das machte es in den Augen der Deutschen zur Terra Nullius – einem herrenlosen Land.

Aus dieser Gemengelage wusste der Bremer Tabakhändler Adolf Lüderitz seinen Profit zu ziehen. 1883 erwarb er im Tausch gegen alte Gewehre und etwas Bargeld ein nach Meilen bemessenes Landstück an der heutigen Lüderitzbucht vom dort beheimateten Volk der Nama. Im Deutschen Kaiserreich feierte man Lüderitz flugs als Helden des Kolonialismus, ein Glanz, dem sich auch Reichskanzler Bismarck nicht entziehen wollte. Gewieft verfiel Lüderitz schon bald auf den Gedanken, das von ihm erworbene Land sei keineswegs nach englischen Meilen zu vermessen, ein Längenmaß, mit dem die Nama gut vertraut waren. Vielmehr setzte Lüderitz nun die viermal längere deutsche Meile als Maßstab an und beanspruchte somit ein 16-mal größeres Territorium als ursprünglich mit den Nama vereinbart. Prompt stellte Bismarck dieses Territorium unter den Schutz des Deutschen Kaiserreichs. Dieser Vorgang stellte den Startschuss für die Landnahme der folgenden drei Jahrzehnte dar.

Die deutschen Kolonialherrscher machten sich dabei geschickt die Reibereien zwischen den einheimischen Stämmen in Südwestafrika zunutze. Wie wir bereits wissen, wurde das Land ursprünglich von den Völkern der San und der Damara besiedelt, die als Jäger und Sammler lebten. Doch längst waren die Ovambo eingewandert, die als Bauern im äußersten Norden des Landes sesshaft wurden. Außerdem kamen die Herero mit ihren Rinderherden aus Richtung Norden in die Region. Ein Teil von ihnen blieb dauerhaft in deren nördlichen Bereichen, aus ihnen entwickelte sich das Volk der Himba, von denen viele noch heute als Nomaden im Norden Namibias leben.

Die meisten Herero zogen aber weiter südwärts. Als nomadisierende Viehhirten besaßen sie große Herden, die ihren ganzen Stolz darstellten. Sie ernährten sich im Wesentlichen von der Milch ihrer Tiere, Fleisch spielte nur eine untergeordnete Rolle. Individueller Landbesitz war ihnen fremd, das Weideland, das sie mit ihren Herden durchzogen, galt ihnen als Allgemeingut ihres Volkes.

Die San kannten ihrerseits ebenfalls keinen Rechtsanspruch auf Grund und Boden. Im Gegensatz zu den Herero war ihnen aber auch jegliches Eigentumsrecht gegenüber Tieren fremd. Sie vermochten deshalb keinerlei Unrecht darin zu erkennen, Rinder von den Herero zu erbeuten, zumal diese Tiere sich weit weniger scheu und deshalb deutlich leichter jagdbar zeigten als das Wild. Damit machten die San sich die Herero zu erbitterten Feinden. Die Herero, wehrhaft, von größerer Statur und höherer Anzahl, verdrängten die San, die sich mehr und mehr in die Kalahari zurückzogen. Ein ähnliches Schicksal erlitten die Damara, auf Afrikaans verächtlich als „Klippkaffer" bezeichnet. Sie beherrschten allerdings die Kunst der Eisenherstellung, weshalb sie sich als nützliche Waffenschmiede erwiesen. Deshalb wurden sie von den Herero vielfach versklavt. Ihre Überlegenheit gegenüber den Jägern und Sammlern bestärkte die Herero in ihrem ethnischen Stolz.

Die Nama hingegen kamen aus Richtung Süden ins heutige Namibia, weil sie vor dem zunehmenden Siedlungsdruck der südafrikanischen Buren auswichen. Sie zählen zur Völkerfamilie der Khoikhoi, der „wahren Menschen", welche die Buren abwertend „Hottentotten" („Stotterer") nannten. Aufgrund ihrer rotbraunen Hautfarbe bezeichnen die Nama sich selbst als „rote Menschen", sie betrachten sich als Brudervolk der San. Wie die Herero züchteten auch die Nama Rinder und zogen mit diesen umher, durch den Kontakt mit den Kolonialisten kannten sie sich auch im Gebrauch von Feuerwaffen aus. Sie waren den aus Norden heranziehenden Herero, die damals die größte Volksgruppe in Südwestafrika stellten, zahlenmäßig allerdings weit unterlegen. Als schließlich die beiden um Weidegründe konkurrierenden Volksgruppen der Herero und der Nama aufeinandertrafen, blieben Konflikte nicht aus.

In dieser Situation erboten sich die Deutschen als „Schutztruppe“. Keinesfalls wollte Kanzler Bismarck den Anschein erwecken, hierbei handle es sich um eine Eroberungsarmee mit territorialen Ansprüchen. Die so harmlos wirkende Bezeichnung der Truppe sollte den Eindruck erwecken, hier ginge es um rein friedliche Absichten, nämlich den deutschen Handel zu schützen und die innere Ordnung in den betreffenden Gebieten zu wahren. Für eine Weile schien das ganz gut zu funktionieren. Hatten die Deutschen bereits 1884 einen „Schutzvertrag“ mit dem Anführer der Nama geschlossen, so folgte schon bald eine entsprechende Vereinbarung mit dem Oberhäuptling der Herero. Im Gegenzug für den „Schutz“ erhielten die Deutschen das Recht, Handel zu treiben und nach Bodenschätzen zu suchen. Von eventuellen Besitzansprüchen der Deutschen auf Ländereien in Südwestafrika war zu diesem Zeitpunkt noch keine Rede.

Deutsche Geschäftsleute nahmen nun vermehrt den Handel mit Einheimischen auf. Sie tauschten Güter wie Zucker, Tabak, Alkohol, Kleidung, Stiefel und Sättel, Stoffballen, Blechschüsseln oder Kochtöpfe gegen Rinder. Diese Geschäfte stießen jedoch an ihre Grenzen, denn die einheimischen Viehzüchter trennten sich nur ungern von ihren Tieren. Stellten diese, insbesondere die von den Deutschen als Zugtiere und Fleischlieferanten begehrten Ochsen, doch ihren ganzen Stolz dar und galten als Statussymbol. Vor allem für die Herero bildeten Rinder den Mittelpunkt ihrer Kultur, als oberstes Ziel galt es ihnen, den Bestand zu erhalten und womöglich zu vergrößern.

Manche Herero begannen deshalb, Schulden anzuhäufen, zumal sich deutsche Händler auch erdreisteten, Waren unaufgefordert vor deren Wohnstätten abzustellen und hinterher die Bezahlung zu verlangen. Wollten oder konnten die Betroffenen keine Rinder hergeben, so bot man ihnen an, stattdessen Land als Zahlungsmittel zu akzeptieren.

Es kann sein, dass viele der Einheimischen zunächst gar nicht verstanden, worum es dabei eigentlich ging. Landbesitz oder gar Grenzen waren ihnen ja unbekannt, was die Deutschen von ihnen verlangten, mag manch einem völlig abstrakt erschienen sein. Erst als die frisch gebackenen Gutsbesitzer sie vertrieben, wenn sie mit ihren Herden auf den altgewohnten Wegen deren Ländereien durchquerten, als die Farmer begannen, Zäune zu ziehen und Wasserstellen gegen durstige Durchreisende zu verteidigen, mag so manchem allmählich aufgegangen sein, was hier gerade geschah.

Dass der Prozess trotzdem zunächst unaufhaltsam weiterging, lag daran, dass die deutschen Kolonialherren die Uneinigkeit der Clans und Stämme untereinander taktisch nutzten, um ihre eigenen Interessen zu verfolgen. Dass dies noch weit größere Konflikte heraufbeschwören könnte, lag fern der Vorstellungswelt der Deutschen. Denn sie sahen sich einer völlig anderen Gesellschaftsstruktur gegenüber, deren Prinzipien für sie nicht nachvollziehbar waren und ihnen gänzlich unverständlich blieben.

Bei den Deutschen jener Zeit herrschte eine strikte Hierarchie. Sie waren es gewohnt, sich Autoritäten widerspruchslos unterzuordnen. Im Gegensatz dazu existierte bei den Herero ein Prinzip der Basisdemokratie. Zwar besaß im Zweifel stets ein Häuptling bei den jeweiligen Sippen das letzte Wort, und allen Herero gemeinsam stand wiederum der Oberhäuptling vor. Doch wurden Entscheidungen innerhalb der einzelnen Gruppen selbstständig getroffen, wobei viele Stammesmitglieder, auch die Frauen, ein Mitspracherecht besaßen. Hieraus resultierten meist endlose Diskussionen, was dem deutschen Untertanengeist jener Zeit komplett zuwiderlief und deshalb völliges Unverständnis unter den Kolonialherren hervorrief. Der rassistische Dünkel, der die Denkweise der weißen Kolonialisten damals ohnehin beherrschte, schien durch dieses ineffektive Verhalten der Schwarzen nur seine Bestätigung zu finden. Entsprechend überheblich traten viele Deutsche gegenüber den Einheimischen auf, womit sie natürlich gerade bei einem so stolzen Volk wie den Herero auf Abwehr und Widerstand stießen.

Der Konflikt wurde dadurch verschärft, dass der Oberhäuptling der Herero 1890 gestorben war und ein Nachfolger bestimmt werden musste. Diese Nachfolge unterliegt bei den Herero hochkomplizierten Gesetzen und wird keineswegs automatisch vom Vater auf den Sohn übertragen, was wiederum den Deutschen völlig selbstverständlich erschien. Doch stattdessen muss bei der Herero-Erbfolge sowohl das Recht der mütterlichen als auch das der väterlichen Linie berücksichtigt werden. Dabei ergeben sich komplexe Aspekte, die zudem nicht starren Regeln folgen. Die Deutschen bevorzugten Samuel Maharero, den Sohn des verstorbenen Oberhäuptlings, und unterstützten diesen. Es gab aber vier weitere mögliche Erben des Titels, sodass die Einmischung der Deutschen Zwist und Zwietracht unter den Herero nach sich zog. Dass die Deutschen Samuel Maharero militärisch gegen die anderen potenziellen Anführer beisprangen, verschlimmerte die Situation. Maharero galt fortan als von den Deutschen abhängiger Herrscher, die Herero blieben untereinander zerstritten. Genau das hatte allerdings auch in der Absicht Theodor Leutweins gelegen, des Kommandeurs der deutschen Schutztruppen. Ganz nach der Maxime „divide et impera“ – teile und herrsche.

In dieser verfahrenen Situation brach 1897 eine Heimsuchung über Deutsch-Südwestafrika herein. Aus Südafrika kommend bahnte sich die Rinderpest ihren Weg ins Land, ursprünglich eingeschleppt durch indische Tiere, die italienische Kolonialisten nach Eritrea importiert hatten. Während die deutschen Farmer eine Vielzahl ihrer Tiere durch Impfungen retten konnten, kostete die Seuche 70 Prozent des Viehbestands der Herero das Leben. Auch zahllose Wildtiere erlagen ihr. Aus Hunger und Verzweiflung verzehrten die Menschen verdorbenes Fleisch der verendeten Tiere, was schwere Infektionen nach sich zog. Die überall herumliegenden verwesenden Körper verseuchten zudem das Wasser. Hatten die Herero zuvor die vergleichsweise keimfreie Milch ihrer Tiere getrunken, so blieben ihnen nun vielfach nur die kontaminierten Wasserstellen. Eine Typhusepidemie war die Folge, unter den geschwächten Menschen breitete sich zudem noch die Malaria aus. Als wenn all das nicht schlimm genug gewesen wäre, ereignete sich im gleichen Jahr eine Heuschreckenplage biblischen Ausmaßes, und eine extreme Dürreperiode tat ihr Übriges. Die genaue Zahl der Opfer dieser Katastrophen ist bis heute nicht bekannt, doch das Leben der Herero sollte nie mehr so werden wie zuvor.

In ihrer Not nahmen etliche Herero Lohnarbeiten bei den deutschen Siedlern an. Hier aber wurden sie oft ausgesprochen schlecht behandelt, Erniedrigungen, brutale Prügelstrafen und sexuelle Übergriffe standen vielerorts auf der Tagesordnung. Zu diesen Demütigungen kam die weiterhin um sich greifende expansive Landnahme der Deutschen hinzu. Die Nahrungsmittelknappheit hatte zu einer gewaltigen Teuerung geführt, wer seine Schulden nicht zurückzahlen konnte, verlor erst sein noch vorhandenes Vieh, dann wurde Land konfisziert. Das machte es den Herero unmöglich, wie zuvor mit ihren Herden durch das Land zu ziehen und die Anzahl der Tiere allmählich wieder zu alter Größe heranzuzüchten. Ist es verwunderlich, dass die ihrer Lebensgrundlage beraubten Menschen eines Tages damit begannen, sich zu wehren?

Biltong – gewürztes Trockenfleisch

Zutaten:

1 kg mageres rotes Fleisch *
1 l Apfel- oder Weinessig
2 El brauner Zucker
4 El Pökelsalz
2 El Koriandersamen
2 El gemahlener schwarzer Pfeffer
1 Tl Chilipulver
2 Knoblauchzehen

*(z.B. Wild, Lamm oder Rind, falls verfügbar natürlich auch Antilope, Zebra oder Strauß)

Zubereitung:

Das Fleisch sehr dünn aufschneiden (alternativ kann man es vom Metzger in dünne Rouladen schneiden lassen). Die Scheiben mehrere Stunden lang im Essig einlegen.

Die Koriandersamen in einer Pfanne ohne Fett anrösten. Die Knoblauchzehen häuten und zusammen mit dem Koriander im Mörser zerkleinern. Die Masse mit Zucker, Pökelsalz, Pfeffer und Chilipulver gut vermischen. Die Fleischscheiben aus dem Essig nehmen, von beiden Seiten gleichmäßig mit der Würzmischung einreiben und in einer Schüssel übereinanderschichten. Alles Fleisch soll mit der Würzmischung bedeckt sein. Die Schüssel abdecken und 12 Stunden lang (am besten über Nacht) in den Kühlschrank stellen.

Nun die Fleischscheiben ganz kurz in kochendes Wasser tauchen, um die Würzmischung weitgehend abzuwaschen. Mit Küchenkrepp trocken tupfen.

Traditionell hängt man das Fleisch nun in eine Biltong-Box, solche Boxen kann man (auch online) kaufen. Alternativ lässt sich ein Dörrautomat verwenden. Man kann das Fleisch auch an einem warmen, trockenen Ort aufhängen. Es benötigt mindestens 5 Tage und ist fertig, sobald es hart geworden ist. Dann hat es etwa die Hälfte seines Gewichts verloren. Beschleunigen lässt sich der Prozess, indem man die Fleischstreifen über den Backofenrost hängt und bei 60–70°C für ein paar Stunden in den Backofen gibt. Darunter sollte man ein Backblech schieben, damit der Ofen nicht zu sehr verschmutzt.

Je besser das Fleisch durchtrocknet ist, desto länger ist es haltbar. Sobald das Fleisch trocken ist, schneidet man es in kurze, dünne Streifchen. Es muss luftig und trocken gelagert werden, dann ist es bei vollständiger Durchtrocknung einige Monate lang haltbar. Sicherheitshalber sollte man selbstgemachtes Biltong aber innerhalb von 2 Wochen verbrauchen.

Man isst Biltong wie Chips und kann dazu folgende Sauce als Dipp reichen:

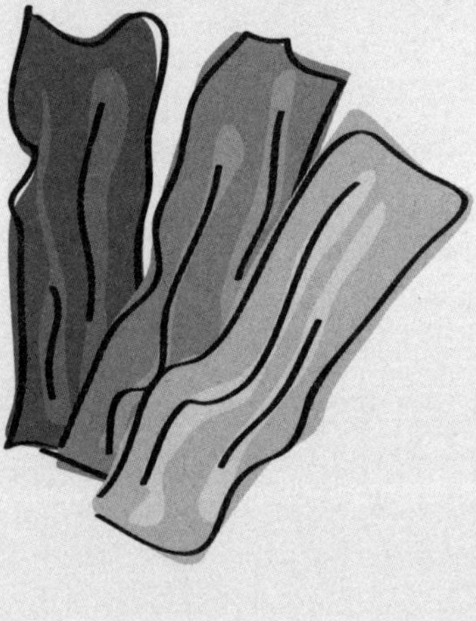

Scharfe Würzsauce

Zutaten:

6 Tomaten
4 Knoblauchzehen
1 Zwiebel
1 rote Chilischote
1 El Zitronensaft
2 El gehackte Petersilie
1 El Zucker
1 Tl Koriandersamen
Olivenöl
Worcestersauce
Salz
Pfeffer

Zubereitung:

Die Tomaten mit kochendem Wasser übergießen und häuten, dann aufschneiden, die Kerne entfernen. Die Zwiebel schälen, Zwiebel und Tomaten in kleine Würfel schneiden. In einem Topf etwas Olivenöl erhitzen, die Tomaten, die Zwiebeln und den Zucker hinzugeben, salzen, pfeffern und bei mittlerer Hitze unter Rühren 10 Minuten schmoren lassen. Vom Herd nehmen und abkühlen lassen.

Die Knoblauchzehen häuten und fein hacken. Die Chilischote längs aufschneiden, entkernen und die Schote anschließend ebenfalls fein hacken. Die Koriandersamen in einer Pfanne ohne Fett kurz anrösten. Nun Knoblauch, Chili und Koriander in den Mörser geben und zu einer Paste verarbeiten.

Die Paste zusammen mit Zitronensaft, Petersilie und ein paar Spritzern Worcestersauce unter die abgekühlte Zwiebel-Tomatenmasse rühren. Mit Salz und Pfeffer abschmecken. Wer es noch schärfer mag, gibt etwas Chilipulver hinzu.

Diese Sauce passt auch gut zum Grillfleisch beim Braai.

Abgrund des Grauens – der Krieg gegen die Herero und die Nama

Wir schlagen nun ein besonders düsteres Kapitel der deutschen Kolonialgeschichte auf. Es ist schmerzlich, sich mit solch einer Thematik auseinanderzusetzen, doch kann man die Gegenwart Namibias nur verstehen, wenn man ihre Hintergründe kennt. Und ich halte es für wichtig, dass gerade wir Deutschen, die ins heutige Namibia reisen, uns der speziellen Tragik der gemeinsamen Vergangenheit bewusst sind. Hier hilft nur Hinsehen, auch wenn man die Augen lieber verschließen möchte. Denn Schweigen hat noch nie zu gegenseitigem Verständnis geführt, das eine prosperierende Zukunft ermöglicht.

Bei meiner Reise durch Namibia entstand allerdings vielfach der Eindruck, dass den Touristen ein Land vorgeführt werden soll, in dem vergangene Ereignisse keine Rolle mehr spielen. Ich begegnete einem Reiseleiter, der zum Volk der Herero gehörte, deshalb befragte ich ihn zu der Problematik. Hinter vorgehaltener Hand erzählte er mir daraufhin, sein Arbeitgeber, ein deutscher Reiseveranstalter, habe ihm ausdrücklich untersagt, mit Reisenden über den Hererokrieg zu sprechen. Auch die meisten deutschstämmigen Namibier, die sehr gastfreundlich sind, zeigten sich schmallippig, sobald sich das Gespräch auch nur in die Nähe dieses Themas bewegte.

Versucht man, sich einen Überblick über die Geschehnisse zu verschaffen, so gerät man schnell auf Glatteis. Denn es herrscht eine heftige Debatte darüber, was sich damals in Deutsch-Südwestafrika genau abgespielt hat, und es ist keineswegs leicht, hierüber Gewissheit zu erlangen. Die Ursache liegt darin, dass nur wenige verlässliche Dokumente aus jener Zeit erhalten geblieben sind. Etliche militärische Papiere wurden von Südafrikanern vernichtet, die das heutige Namibia ab 1915 besetzten und kurz darauf ganz offiziell ein Mandat des Völkerbundes erhielten, das Land für Großbritannien zu verwalten. Kopien der Unterlagen wurden vermutlich bei Bombenangriffen auf Berlin während des Zweiten Weltkriegs zerstört.

Der Mangel an belastbarem Beweismaterial führt zu Mutmaßungen, durch welche die Diskussion immer wieder angeheizt wird. Dies betrifft zum einen den genauen Ablauf der entscheidenden Schlacht am Waterberg im Jahr 1904, zum anderen die Zahl der zu Tode gekommenen Menschen. Über die Gesamtzahl der Herero, die vor Beginn des Kolonialkriegs im heutigen Namibia lebten, existieren nur Schätzungen, eine genaue Volkszählung fand nie statt. Die vorhandenen Schätzungen sind sehr unterschiedlich, man geht heute meist von 60.000 bis 80.000 Herero aus. Dabei ist allerdings nicht wirklich nachvollziehbar, ob diese Zahlen für die Zeit vor dem Schicksalsjahr 1897 gelten, als viele Menschen ihr Leben verloren, oder für die Zeit kurz vor Ausbruch des Hererokriegs. Im Jahr 1911 lebten nur noch 20.000 Herero im heutigen Namibia, doch auch hierbei gilt wiederum, dass diese Zahl lediglich auf Schätzungen beruht. Alle diesbezüglichen Angaben bleiben also letztendlich spekulativ.

Was hat sich 1904 in der deutschen Kolonie wirklich abgespielt? Hatte ich gehofft, in den Aufzeichnungen Alfred von Winklers und Gustav Voigts Schilderungen aus erster Hand zu finden, so wurde ich enttäuscht. Zwar ziehen beide als Reservisten in den Krieg gegen die Herero. Doch von Winklers

Erzählung bricht an genau dieser Stelle ab, um mit den Worten fortzufahren: „Ich übergehe den Krieg gegen die Hereros mit seinen unsäglichen Leiden und Anstrengungen…", wonach er die bisherige Schilderung seines Farmlebens wieder aufnimmt. Und auch Voigts bricht am entscheidenden Punkt ab, um ausführlich und detailliert vorzurechnen, welche Summen ihn der Aufbau seiner Farmen insgesamt gekostet hat. Das erscheint so eigenartig deplatziert, dass es mir wie eine Übersprunghandlung vorkommt. Warum wollen beide ganz offensichtlich nicht genauer über den Hererokrieg sprechen? Haben sie solch barbarische Gräuel mitansehen müssen? Oder wandelte sich etwa die vermutete Überlegenheit der Deutschen in militärischer wie in moralischer Hinsicht am Ende zu einer beschämenden Schmach?

Im Januar 1904 begannen die Herero unter Samuel Maharero den Aufstand, weil sie die fortwährenden Demütigungen, die Diskriminierungen, die Misshandlungen und vor allem auch die massiv um sich greifende Landnahme der Deutschen nicht mehr länger hinnehmen wollten. Sie überfielen einzelne Farmen und Handelsstationen, dabei töteten sie insgesamt 123 Personen, manche davon qualvoll. Die deutschen Truppen reagierten mit äußerster Härte. Ein Marine-Expeditionskorps wurde zur Unterstützung nach Südwestafrika entsandt, vor Ort wurden Reservisten mobilisiert.

Dennoch waren die Deutschen den Herero zahlenmäßig unterlegen, zudem durch ihre mangelnde Erfahrung mit den Bedingungen vor Ort vielfach überfordert. Der relativ gemäßigte Oberbefehlshaber in Deutsch-Südwestafrika, Theodor Leutwein, erkannte die sich hieraus ergebenden Schwierigkeiten. Deshalb setzte er auf eine Lösung des Konflikts durch Verhandlungen, scheiterte jedoch. Daraufhin entsandte das militärische Kommando in Berlin Lothar von Trotha zu Leutweins Ablösung, einen Mann, der sich bereits bei der Niederschlagung von Aufständen in Deutsch-Ostafrika und in China als eiskalter und skrupelloser Unmensch erwiesen hatte. Von Trotha war besessen von der Idee eines „Rassenkriegs“ gegen die in seinen Augen verachtenswerten „Neger“ und ließ keinen Zweifel an seinen mörderischen Absichten.

Die Herero sammelten sich im August des gleichen Jahres mit ihren Frauen, Kindern und dem Vieh am Waterberg, dem schon erwähnten Plateaugebirgszug im mittleren Norden des Landes. Hier zog sich nun auch die Streitmacht unter dem Kommando von Trothas zum entscheidenden Schlag gegen die Herero zusammen. Es handelte sich um knapp 1.600 Soldaten, denen geschätzte 6.000 Hererokrieger gegenüberstanden, beide Seiten bewaffnet mit Gewehren. Die Deutschen verfügten zusätzlich über 30 Geschütze und 12 Maschinengewehre. Das von Dornbüschen dicht bewachsene Terrain erschwerte deren Einsatz jedoch erheblich. Viele der Deutschen litten zudem unter den ungewohnt harten Verhältnissen, die Folge waren körperliche Schwäche, Zermürbung und Krankheiten. Die Schlacht am 11. August 1904 verlief deshalb völlig anders als geplant, der erwartete schnelle Erfolg blieb aus.

Trotzdem zogen die Herero in der darauffolgenden Nacht nach Osten ab. Hier befindet sich die Omaheke, eine Dornbuschsavanne, die als Stammland der Herero gilt. Es ist ein Terrain, mit dem die Herero vertraut waren und das sie schon oft durchquert hatten. Sie wussten also, wie man hier Wasser findet, allerdings reichte das spärlich vorhandene Wasser für die Vielzahl der Menschen und Tiere im trockenen Monat August bei weitem nicht aus.

Erst am übernächsten Tag nahmen die Deutschen die Verfolgung auf. Es heißt, dass sie die Herero zangenförmig vor sich hertrieben und Wasserstellen abriegelten. Ob die zu diesem Zeitpunkt demoralisierte und dezimierte Truppe dazu überhaupt noch effektiv imstande war, sei dahingestellt. Und schon am darauffolgenden Tag musste die Verfolgung wegen Wassermangels und völliger Erschöpfung der Soldaten vorerst aufgegeben werden.

Tatsache ist, dass aufgegriffene Hereromänner standrechtlich erschossen und unter Durst leidende Menschen von Wasserstellen am Rand der Omaheke ferngehalten wurden. Ein Herero erzählte mir außerdem, dass Wasserlöcher gezielt durch hineingeworfene Leichen kontaminiert worden seien. Zahllose Herero überlebten die Flucht durch die weitgehend wasserlose Steppe nicht und verdursteten qualvoll. Etwa 1.500 Herero gelang es, das zu jener Zeit von Briten besetzte heutige Botswana im Osten der Omaheke zu erreichen, darunter auch Samuel Maharero.

Lothar von Trotha übersandte währenddessen großspurige Erfolgsmeldungen nach Berlin, wohl um seinem Ruf als fähiger Kriegsherr gerecht zu werden. Die Aufzeichnungen in seinem bisher unveröffentlichten Tagebuch sprechen hingegen offenbar eine andere Sprache. Tatsächlich schien sich die Truppe in einem erbärmlichen Zustand zu befinden, der Ausgang der Kämpfe nichts als eine peinliche Blamage zu sein. Aus dieser Situation heraus erteilte von Trotha Anfang Oktober 1904 einen Vernichtungsbefehl gegen das Volk der Herero. Dieser wurde neun Wochen später durch Reichskanzler von Bülow in Berlin widerrufen. Kaiser Wilhelm II. erließ nach anfänglichem Zögern die Order, nicht an den Kämpfen beteiligten Herero Gnade zu erweisen. Im November 1905 wurde von Trotha endlich abberufen, er fiel beim Kaiser in Ungnade.

Nichtsdestotrotz internierten die Deutschen gefangengenommene oder sich ergebende Herero in Konzentrationslagern, ein Begriff, den sie von den Briten in Südafrika übernommen hatten, die dort während des Zweiten Burenkriegs (1899-1902) „concentration camps" eingerichtet hatten. 7.682 Gefangene starben aufgrund der verheerenden Zustände in den Konzentrationslagern der Deutschen. Andere wurden unter unmenschlichen Bedingungen zur Zwangsarbeit herangezogen.

Bereits im Juli 1904 hatten sich auch aufständische Gruppen der Nama gegen die deutschen Besatzer erhoben. Unverhohlen drohte von Trotha ihnen, den „Hottentotten", ebenfalls mit der Vernichtung. Die genauen Geschehnisse um die Kämpfe, die in den folgenden Jahren zwischen deutschen Truppen und den Nama stattfanden, sind nicht dokumentiert. Viele Nama kamen dabei ums Leben, andere starben in den Konzentrationslagern oder durch Hinrichtungen.

Manche der getöteten Nama und Herero wurden enthauptet, ihre Köpfe nach Berlin transportiert und dort rassebiologischen Untersuchungen unterzogen. Dies geschah mit dem Ziel, die geistige Minderwertigkeit der Schwarzen gegenüber den Weißen wissenschaftlich nachzuweisen. Viele dieser Schädel sowie andere Körperteile befinden sich immer noch in den Kellergewölben der Berliner Charité und völkerkundlicher Sammlungen in Deutschland. Erst in den letzten Jahren wurden einige dieser Gebeine namibischen Delegationen zur Bestattung übergeben.

Unbestreitbar haben deutsche Kolonialisten gegenüber den einheimischen Völkern des heutigen Namibia grauenhafte Verbrechen verübt. Dass diese Tatsache die Gemüter bis heute erhitzt und zu erbitterten Diskussionen führt, liegt daran, dass man sich in Deutschland nicht darüber einigen konnte, ob diese Verbrechen als entschädigungsrelevanter Völkermord bezeichnet werden sollten oder nicht. Dass seit 2015 nun doch von Vertretern deutscher Regierungen die Tatsache eines Völkermordes an Herero und Nama anerkannt wird, soll ausdrücklich von Rechtsfolgen befreit sein. Die entsprechende UN-Resolution wurde nämlich erst 1948 beschlossen und ist nach Auffassung der Bundesregierung nicht rückwirkend anwendbar. Dennoch kam es 2021 zu einem Abkommen zwischen der deutschen und der namibischen Regierung. Demnach sollen über einen Zeitraum von 30 Jahren Hilfsgelder in Höhe von insgesamt 1,1 Milliarden Euro an Namibia und die Nachkommen der Opfer fließen. Von den Betroffenen wird diese Wiedergutmachungsleistung allerdings als unzulänglich betrachtet. Die förmliche Bitte um Entschuldigung, die der Bundespräsident gemäß der Vereinbarung vor dem namibischen Parlament vorbringen soll, ist zudem noch immer nicht erfolgt (Stand März 2025). Dass Lothar von Trotha und Teile der deutschen Truppen von der Absicht des Genozids getragen wurden, lässt sich kaum bestreiten. Doch wurde eine vollständige Auslöschung der Herero und der Nama von der Reichsregierung in Berlin wohl nicht angestrebt.

Dass es überhaupt zu einer derartigen Diskussion gekommen ist, hat zwei Ursachen. 1918 gab die britische Regierung das sogenannte „Blue Book" heraus, in dem die Verbrechen der Deutschen in Südwestafrika als besonders entmenschlicht dargestellt wurden. Die Absicht der Briten bestand darin, den Deutschen ihre Eignung als Kolonialmacht abzusprechen. Dieses Ziel wurde mit dem Versailler Vertrag von 1919 erreicht, als den Deutschen ihre Kolonien entzogen wurden. Südwestafrika kam unter südafrikanische Verwaltung. Obwohl der Internationale Gerichtshof in Den Haag diese Verwaltung 1971 für illegal erklärte und der UN-Sicherheitsrat Südafrika 1978 mit einer Resolution zum Rückzug aus Südwestafrika aufforderte, gelang es den Menschen im heutigen Namibia erst 1990, sich von der Fremdherrschaft zu befreien und die

Unabhängigkeit zu erlangen. Bis dahin hatten die Südafrikaner das heutige Namibia mit ihrer scheußlichen Politik der Rassentrennung überzogen. Deutsche Siedler, die im Zweiten Weltkrieg vertrieben worden waren, durften unter dem südafrikanischen Regime nach Kriegsende auf ihre Besitztümer zurückkehren und so weitermachen wie bisher.

Das „Blue Book“ wurde schon 1926 von der britischen Regierung eingezogen und vernichtet, denn sein historischer Wert, so hieß es, sei nur gering. Dennoch zog der DDR-Historiker Horst Drechsler es als wesentliche Quelle für seine 1966 erschienene Habilitationsschrift heran. Als regimetreuer Marxist beabsichtigte er, den Imperialismus zu entlarven und vor allem Westdeutschland bloßzustellen, dem er ein „neokolonialistisches Eindringen“ in Afrika vorwarf. Andere Historiker griffen seine Argumentationskette auf und bezeichneten die Geschehnisse in Südwestafrika als ersten Genozid des 20. Jahrhunderts – insbesondere vor dem Hintergrund der deutschen Verbrechen gegenüber den Juden unter dem Naziregime.

Bei der entsprechenden Einordnung der Vorkommnisse in Südwestafrika liegt der Fokus auf den niederen moralischen Werten, die offenbar gerade den Deutschen jener Zeit zu eigen waren. Und diese Unterstellung halten andere Historiker wiederum für nicht tragbar. Deshalb, außerdem aufgrund der nicht eindeutigen Befehlslage, lehnen sie die Verwendung des Begriffs „Völkermord“ im Zusammenhang mit dem Hererokrieg ab. Entsprechend zierte sich die Bundesregierung im Umgang mit dieser Fragestellung, vor allem natürlich, um Forderungen nach Schadensersatz keinen Raum zu bieten.

Ich persönlich halte die ganze Diskussion für akademisch. Es gibt an dem barbarischen Handeln deutscher Kolonialisten im heutigen Namibia nichts zu beschönigen. Eine offizielle Entschuldigung, die Rückgabe menschlicher Überreste sowie eine angemessene Kompensation sollten außer Frage stehen. Auch der Streit um die genaue Anzahl der Opfer ist letztendlich obsolet, denn jeder einzelne Tote ist schon einer zu viel.

Andererseits ist rücksichtsloses und menschenverachtendes Vorgehen für Kolonialisten jeglicher Herkunft bezeichnend und kein spezifisch deutsches Charakteristikum. Auch die Briten haben in ihren afrikanischen Kolonien, in Tasmanien oder in Indien gewütet, die Franzosen auf Madagaskar und in Algerien, die Belgier im Kongo. Diese Liste ließe sich beliebig fortsetzen, man denke allein an das Schicksal der Ureinwohner Nordamerikas. Die Geschichte des europäischen Kolonialismus ist eine Geschichte des Grauens, und die Deutschen reihen sich in diese unrühmliche Kette ein, nicht mehr und nicht weniger.

Sehr traurig finde ich, dass einige deutschstämmige Namibier sich am Vorwurf des Völkermords festhalten und sich über dieses Detail empören, statt den historischen Tatsachen ins Auge zu sehen, diese zu akzeptieren und den Weg in eine positive gemeinsame Zukunft der Völker Namibias zu suchen. Denn mitunter scheint ihr Denken von einer trotzigen Abwehrhaltung geprägt zu sein, mit dem Ziel, die Pionierleistungen ihrer Vorfahren keinesfalls infrage zu stellen. In der Folge wird die Kolonialgeschichte als eine „gute alte Zeit" verklärt.

Und dazu gehört es leider auch, dass der eine oder andere sich selbst als der schwarzen Bevölkerung überlegen betrachtet. Zumindest bei Einzelnen scheint der rassistische Dünkel der „Südwester" noch immer recht lebendig zu sein. Die heute rund 20.000 deutschstämmigen Namibier machen zwar nur einen geringen Teil der Gesamtbevölkerung aus, aber die Mehrzahl von ihnen gehört zur wohlhabendsten Elite des Landes und tritt als Arbeitgeber gegenüber den Schwarzen auf.

Ich habe miterlebt, wie deutschstämmige Farm- und Lodgebesitzer über die Faulheit ihrer schwarzen Angestellten schimpften oder beispielsweise darüber, dass diese die ihnen zur Verfügung gestellten Wohnhäuser in einen desolaten Zustand gebracht hätten. Offensichtlich waren diese Dienstherren nicht dazu bereit, zu verstehen, geschweige denn zu tolerieren, dass die betreffenden Menschen einer völlig anderen Kultur und Lebensweise entstammen als sie selbst. Die eigene von westlichen Werten geprägte Einstellung betrachteten sie vielmehr als das Maß aller Dinge. San-Frauen, die als dienstbare Geister für sie arbeiteten und ansonsten völlig unsichtbar blieben, durften nur hervortreten, um Touristen ihre bemerkenswerte Klicklautsprache vorzuführen. Fast so, als seien sie nichts als wohldressierte Zirkustiere.

Abgesehen von der Namib, den Städten, den Naturschutzgebieten und den „Homelands", also den separierten Regionen, die schwarzen Volksgruppen zugewiesen wurden, ist heute ganz Namibia in Farmen aufgeteilt. Müßig zu erwähnen, dass diese Farmen überwiegend in den Händen von Weißen sind. Die Regierung bemüht sich zwar um eine gerechtere Aufteilung des Landes, scheitert aber bisher meist an den damit verbundenen Schwierigkeiten.

Hauptsächlich werden auf den Farmen Rinder gehalten. Weil die Trockenheit aber überall zunimmt, stellen mehr und mehr Betriebe auf lukrativere Jagdfarmen und Lodges um. Die riesigen Landflächen sind eingezäunt, das Nomadenleben ist damit unmöglich geworden. Wer dennoch Vieh hält und nicht im Besitz einer Farm ist, der muss seine Tiere auf den kargen Streifen am Straßenrand weiden lassen.

Präsentierte sich das Land zur Zeit der Ankunft deutscher Kolonialisten vielfach noch als typische Grassavanne, in der sich riesige Antilopenherden über enorme Entfernungen frei bewegten, so sind deren Wege durch die Zäune verstellt worden. In der Folge wurde nicht nur der Tierbestand empfindlich dezimiert, auch das Landschaftsbild hat sich drastisch verändert. Überall im Farmland breitete sich Dornbuschgestrüpp aus, das Gras der Savanne ist weitgehend verschwunden.

Heute leben gut 100.000 Herero in Namibia. Ihr Hirtenleben mussten sie aufgeben, sie arbeiten auf den großen Farmen oder leben als Händler und Handwerker in den Städten. Besonders in ihrem Homeland, dem Hereroland, sieht man die Frauen in traditionellen Trachten, mit bunten Röcken, die an den ausladenden Schnitt wilhelminischer Kleider erinnern.

Tatsächlich haben sie diese Mode von den Kolonialisten übernommen. Die zugehörige Kopfbedeckung besteht aus kunstvoll um eine zusammengerollte Zeitung gewickelten Tüchern. Sie soll Rinderhörner symbolisieren und somit den ehemaligen Stolz des Volkes lebendig erhalten. Manche Frauen verkaufen selbstgenähte Produkte und Schmuck am Straßenrand, außerdem lassen sie sich gegen ein kleines Entgelt von Touristen fotografieren. Das mag ehrrührig wirken, ist aber für sie eine wichtige Einnahmequelle.

Die Thematik, mit der wir uns in diesem Kapitel auseinandergesetzt haben, ist sehr umfassend, detaillierter darauf einzugehen, sprengt den Rahmen dieses Buchs. Es gibt aber eine Fülle an Literatur dazu, mit der sich die einzelnen Aspekte weiter vertiefen lassen.

Ich hoffe, dass ich Ihnen einen kleinen Einblick in die Problematik geben konnte, und ich möchte Sie dazu einladen, mit offenen Augen und Respekt durch dieses faszinierende Land zu reisen.

Rooibos-Punsch

Zutaten für 4 Personen:

6 Tl Rooibos-Tee
8 cl Weinbrand
1 unbehandelte Zitrone
2 El brauner Zucker
1 Stange Zimt
4 Gewürznelken

Zubereitung:

Die Zitrone waschen, den gelben Anteil der Schale fein abreiben, die Zitrone auspressen. Den Rooibos-Tee mit 800 ml Wasser in einen Topf geben und aufkochen. Vom Herd nehmen, 5 Minuten ziehen lassen, dann durch ein Sieb in einen Topf abgießen.

Die Zitronenschale, die Nelken, den Zucker und die Zimtstange hinzugeben und erneut erhitzen, aber nicht kochen lassen. 10 Minuten bei mittlerer Hitze ziehen lassen, dann die Gewürze entfernen, den Zitronensaft und den Weinbrand hinzugeben, unterrühren und heiß servieren.

Rooibos Tee wird in der südafrikanischen Provinz Westkap angebaut und ist im ganzen Süden Afrikas beliebt. Wer ihn als alkoholfreien Punsch genießen möchte, der lässt den Weinbrand einfach weg.

Die deutscheste Stadt außerhalb Deutschlands – Swakopmund

Umwaberte uns auf unserer Rundreise eben noch die Gluthitze der Namib, so begrüßt uns unmittelbar darauf Swakopmund mit einem Temperatursturz von fast 20 Grad. Der kalte Benguelastrom zeigt uns mit Macht, was in ihm steckt. Wir nähern uns der Stadt entlang der Küstenstraße von Süden her, und während sich linker Hand die Villen und Hotels des Strandresorts Langstrand vor dem schäumenden Blau des Atlantiks abzeichnen, erheben sich auf der anderen Straßenseite die puderrosa Dünen, mit denen die Wüste dem kühlen Ozean entsteigt und ihr Regiment übernimmt. Hier und da rasen Quad-Bikes über die Flanken des Sandmeers, diese wilden Fahrten zählen zu den Highlights für Aktivurlauber in Swakopmund.

Kurz bevor es in die Stadt hineingeht, überqueren wir die grüne Mündung des Swakop-Riviers. Selbst bei anhaltender Trockenheit findet sich knapp unter dem Flussbett noch Wasser, der hohe Grundwasserstand erlaubt es vielen Pflanzen, hier zu gedeihen. Auch für den Gemüseanbau lässt sich dieser schmale Streifen der Fruchtbarkeit gut nutzen, vom legendären grünen Spargel aus Swakopmund haben wir bereits gehört. Und letztlich ist das lebensfreundliche Swakop-Rivier auch der Grund dafür, dass die nach seiner Mündung benannte Stadt überhaupt an diesem Ort entstand. Das in nur geringer Entfernung südlich davon gelegene Walvis Bay mit seinem natürlichen

Hafenbecken beanspruchten bereits britische Kolonialisten, als die Deutschen in den 1880er Jahren die Region erreichten. Und den Briten passte es überhaupt nicht, dass deutsche Truppen ausgerechnet in Walvis Bay anlanden wollten. Sie drohten unverhohlen damit, den Zugang zu ihrem Hafen für diese zu sperren. Abhilfe tat dringend not.

Es kostete erhebliche Mühen und dauerte einige Jahre, bis die Deutschen nördlich der Swakopmündung endlich einen künstlichen Hafen angelegt hatten. Ein Landungsplatz war für sie von essentieller Bedeutung, denn die von ihnen gegründete Hafenstadt Lüderitz lag viel zu weit südlich, um die Kolonialisten im Landesinneren Deutsch-Südwestafrikas effektiv mit Waren versorgen und neue Siedler sowie Truppennachschub ins Land bringen zu können. Die Mündung des Swakop befindet sich hingegen ungefähr in der Mitte der Küstenlinie des Landes, und das Rivier mit seinem hohen Grundwasserstand versprach zudem die dringend nötige Versorgung mit Trinkwasser. Da spielte es auch keine Rolle, dass der Name des Riviers in der Sprache der Einheimischen Tsoa-xaub lautet und in der Übersetzung wenig verlockend klingt. Denn „Tsoa" bedeutet After, „xaub" bezeichnet die diesem entweichende braune Masse. In der Regenzeit führt der Swakop nämlich eine beachtliche Menge Schlamm mit sich. Ob den Kolonialisten die Bedeutung dieser Bezeichnung allerdings bewusst war, als sie den Namen ihrer neu gegründeten Siedlung davon ableiteten, wage ich zu bezweifeln.

Das grüne Rivier hebt sich auffällig vom sandigen Einerlei des Küstenbereichs der Namib ab. Als wollten sie das Bild noch surrealer gestalten, grasen einige Kamele am Grund des Swakop. Auch sie dienen der Unterhaltung Reisender, denn man kann Kamelritte durch die Wüste buchen und sich dabei wie Lawrence von Arabien fühlen, auch wenn Arabien weit entfernt im Norden liegt. Dort und in Zentralasien liegt die eigentliche Heimat der Dromedare und Kamele, hier in den Süden Afrikas sind sie als Nutztiere eingeführt worden. Wem das Wüstenschiff allzu sehr schwankt, der kann das Swakop-Rivier und die angrenzende Namib auch auf dem Pferderücken erkunden, alternativ per Fahrrad oder im Zweifel auf Schusters Rappen, denn es gibt geführte Wanderungen, bei denen sich das verborgene Leben in der Wüste erkunden lässt. Und die Abenteuerlustigsten unter den Gästen buchen einen Rundflug über die Namib, der sie bis zum 250 Kilometer entfernten Sossusvlei bringt.

Unser Weg führt uns nun aber mitten hinein in die Stadt. Swakopmund wirkt aufgeräumt und ruhig. In den Villenvierteln, meist hinter hohen Zäunen und akribisch gesichert, residieren die betuchten Swakopmunder, wer sich das nicht leisten kann, wohnt im ärmlichen Vorort Mondesa im Nordwesten der Stadt. Hierbei handelte es sich ursprünglich um eine sogenannte Township, eine abgegrenzte Siedlung für die Schwarzen, die im Zuge der Rassentrennungspolitik angelegt wurde. Und obwohl im demokratischen Namibia von heute jeder wohnen darf, wo er will, ist Mondesa noch immer überwiegend von Schwarzen bewohnt. Die hundertjährige Epoche der Unterdrückung wirkt nach, auch heutzutage kann von Chancengleichheit nicht wirklich die Rede sein. Aus der politischen Apartheid ist eine ökonomische geworden. Entsprechend hoch ist die Arbeitslosigkeit in der Township, und an den nördlichen Rändern Mondesas mutieren die kleinen Häuschen zum Slumgebiet Matutura. 25.000 Menschen leben in der Township, das ist mehr als die Hälfte der knapp 44.000 Einwohner Swakopmunds.

Nur fünf Prozent der Swakopmunder sind deutscher Abstammung. Das mag man kaum glauben, denn schon bei der

Fahrt durch die gepflegte Innenstadt fallen die vielen deutschen Straßennamen ins Auge, auch wenn mehr und mehr Straßen inzwischen umgetauft worden sind. Doch noch immer geht es über die „Kolonnen-" zur „Schlachterstraße" und weiter zur „Mittel-", „Berg-" oder „Kurze Straße". Es gibt eine „Bismarck-" und eine „Leutweinstraße", die „Lüderitzstraße" führt zur deutschen Lutherischen Kirche. Parallel zur Küste verläuft „Am Zoll", unweit davon befindet sich der „Ankerplatz".

Nicht minder deutsch geht es in der Gastronomie und in vielen Läden zu, da gibt es „exklusive Lederwaren", zum Beispiel „Kudu- und Straußen-Lederschuhe", „Freizeitkleidung" und „Halbedelsteinschmuck". Über einer Einfahrt steht das Wort „Stadtmitte" in Frakturschrift, die Haare richtet der Friseur Gebauer in seinem „Damen- und Herrensalon". In der „Bismarck Dental Practice" kümmert man sich um die Zähne, die „Adler-Apotheke" an der ehemaligen Kaiser Wilhelm Straße hat die passenden Medikamente, und in der „Swakopmunder Buchhandlung" kommen Leseratten auf ihre Kosten. Das „Swakopmunder Brauhaus" wünscht: „Hopfen und Malz, Gott erhalt's". Wer sein Bier gerne in noch vertrauterem Ambiente genießen möchte, besucht den „Fachwerk-Biergarten" des namensgebenden Gebäudes. Gegen den Hunger gibt es „Eisbein mit Sauerkraut" oder was des Deutschen Herz sonst noch begehren mag. Fast schon Kult ist es, im „Café Treffpunkt" oder im „Café Anton" des „Hotel Schweizerhaus" ein Stück Schwarzwälder Kirschtorte zum Cappuccino zu schlemmen. Und hinterher vielleicht ein Glas Rieslingwein im Bistro „Zum Kaiser", das zum gleichnamigen Hotel gehört. Frisch gestärkt geht's zum Heimatmuseum an der Mole, über dem das Motto „Bauet am Erbe" prangt. Swakopmund wirkt fast noch deutscher als ein typisch deutsches Seebad. Soviel Deutschtum in einer Stadt am anderen Ende der Welt finde ich schon recht irritierend.

Swakopmunds Wahrzeichen ist der zusammen mit seinem Feuerträger 35 Meter hohe rot-weiße Leuchtturm, auch er eine Hinterlassenschaft deutscher Kolonialisten. Er lugt hinter dem Staatshaus hervor, das 1901 als Kaiserliches Bezirksgericht erbaut wurde, ein palastähnliches Gebäude im Kolonialstil. Es lässt ein wenig an die Pseudo-Burg in einem Freizeitpark denken, zumal die hohen Palmen in seinem grünen Park gar nicht so recht dazu passen wollen. Heute nutzt der Staatspräsident das Bauwerk als Sommerresidenz.

Spaziert man an der Südseite der Anlage entlang, so stößt man auf ein Marine-Denkmal. Es wurde 1908 enthüllt und zeigt zwei deutsche Marinesoldaten auf einem Felsen, einer davon mit erhobenem Gewehr, der andere gefallen. Mit dem Mahnmal sollte der Einsatz des Marine-Expeditions-Korps der Schutztruppe beim Aufstand der Herero und der Nama geehrt werden, und ich kann nicht umhin, ein gewisses Verständnis dafür aufzubringen, dass Unbekannte es mit roter Farbe besprenkelt haben.

Die Innenstadt von Swakopmund ist eine auf dem Reißbrett entworfene Planstadt, die um den zentralen Leuchtturm und das Bezirksgericht herum konstruiert wurde. Geordnet wie auf einem Schachbrett verlaufen hier die Straßen zwischen den einzelnen Häuserblocks. Zahlreiche historische Bauten aus der Kolonialzeit prägen das Gesicht der City, auffällig ist zum Beispiel der zum Luxushotel umgebaute alte Bahnhof, von dem aus Swakopmund dank Namibias erster Bahnlinie mit Windhoek verbunden war. Der Zug überwand dabei eine Distanz von 350 Kilometern Länge.

Außerdem fällt uns beim Spaziergang das Alte Amtsgericht ins Auge. Oder die Pionierkaserne, das Hohenzollernhaus und das Prinzessin-Rupprecht-Heim, ein früheres Lazarett. Zu den signifikantesten Baudenkmälern zählt das Woermannhaus im Fachwerkstil mit seinem charakteristischen Türmchen. Es wurde 1894 für den Hamburger Kaufmann Adolph Woermann erbaut, der dank Reederei und Handel mit Südwest ein Vermögen verdiente. Sein Geschäftsführer vor Ort hieß Theodor Ritter, nach ihm ist die „Ritterburg" benannt, eine Villa mit Erkerturm, die praktischerweise einen guten Überblick über die Küste gewährte, weil sie nahe der Seebrücke liegt.

Besagte Seebrücke stellte den Dreh- und Angelpunkt des kolonialen Swakopmund dar. Die künstlich angelegte Mole erwies sich nämlich schon bald als unzulänglich, deshalb wurde eine Holzkonstruktion als Landungsbrücke für den Schiffsverkehr errichtet. Doch ihr zeigte der wilde Atlantik schon recht bald, wer hier der Stärkere war. So entstand 1912 eine 262 Meter lange Brücke aus Stahl. Auch an ihr hat der Zahn der Zeit genagt, über viele Jahre hinweg musste sie wegen Einsturzgefahr geschlossen bleiben. Spenden machten ihre Sanierung und die Wiedereröffnung im Jahr 2010 möglich. Denn die mit dem englischen Wort „Jetty" bezeichnete Seebrücke ist eine der wichtigsten Touristenattraktionen der Stadt.

Wir sind durch die Straßen von Swakopmund geschlendert, die auf so merkwürdige Weise vertraut wirken. Sind unter Palmen über die Küstenpromenade flaniert, haben die Villen im Fachwerkstil bestaunt, die wohlhabende Bauherren direkt am Ufer errichten ließen, und einheimischen Kindern beim Spielen am schönen Sandstrand und beim Bad im empfindlich kühlen Ozean zugeschaut. In der Kristall-Galerie haben wir den drei Meter hohen und 14 Tonnen schweren Riesenquarz bewundert, der auf einer namibischen Farm gefunden wurde und weltweit der größte Kristall dieser Art ist, der in einer Ausstellung gezeigt wird. Das Aquarium an der Uferstraße und auch das Schlangenterrarium Living Desert Park haben wir uns geschenkt. Letzteres, um unsere Furcht vor einer unerwünschten Begegnung mit der im südlichen Afrika heimischen Schwarzen Mamba nicht noch weiter zu schüren.

Aber die Schwarzwälder Kirschtorte haben wir uns nicht entgehen lassen, und bevor wir nun im Restaurant an der Seebrücke einkehren werden, bleibt noch etwas Zeit. Dieses Restaurant ist übrigens um ein historisches Schleppschiff herumgebaut, das geschickt integriert wurde. Nicht nur das ist bemerkenswert, grandios ist auch die Aussicht auf die Seebrücke, welche man von hier aus genießt. Und auch die Springbockmedaillons mit grünem Spargel sind nicht zu verachten.

Doch noch ist es zu früh fürs Abendessen. Weil vom Atlantik inzwischen Seenebel herbeigezogen ist und außerdem ein recht frischer Wind weht, beschließen wir, die restliche Zeit für einen Bummel durch den nahen Supermarkt zu nutzen. Wenn ich im Ausland unterwegs bin, besuche ich gerne Läden, die Alltagsprodukte anbieten. Bekommt man doch so einen recht anschaulichen Eindruck von der unterschiedlichen Lebensweise. Deshalb bin ich sehr gespannt, was so ein Supermarkt hier tief im Südwesten von Afrika alles zu bieten hat.

Gleich am Eingang verschlägt es mir die Sprache. Hier ist ein Tisch mit Sonderposten aufgebaut: Weihnachtsstollen. Im Regal dahinter: Toastbrot und diverse abgepackte Vollkornbrote, dazu das unvermeidliche Nutella. Weiter geht es mit Oldenburger Butter und Rama-Margarine, mit Milka, Lindt, Katjes, Haribo und Backmischungen für Marmor-, Käse oder Zitronenkuchen – wohlgemerkt alles beschriftet in deutscher Sprache. Zu den „Senfgurken" gesellt sich „Tomatenpaprika", auf den Konservendosen steht wahlweise „Erbseneintopf", „Kartoffelsuppe", „Bohneneintopf" oder „Ravioli". Gleich daneben „Apfel-Rotkohl", „Salat-Mayonnaise", „Tafel-Meerrettich" und „Thunfischsalat". Dann die üblichen Nudeln und Cornflakes, „Dijon-Senf", „Paniermehl", „Milchreis" sowie

„Kartoffelpüree" im Pappkarton. Überraschungseier, Mozartkugeln, Jacobs-Kaffee. „Erdnüsse geröstet", „Pizza Ristorante" und Tütensuppen von Knorr. Das einzig Exotische ist, dass letztere auch in der Geschmacksrichtung „Chakalaka" angeboten werden. Lauter Plastikschüsseln und -dosen in der Haushaltswarenabteilung, die wohlbekannten Marken beim Hunde- und Katzenfutter, einen Gang weiter wartet quietschbuntes billiges Plastikspielzeug. Wir entdecken Tempos, Frosch-Reiniger, Erdal-Schuhcreme, Ariel und Omo, Labello, Nivea, Lux-Seife und Hoffmanns „Bügel leicht Spray". Dazu die „Allgemeine Zeitung" aus Windhoek in deutscher Sprache. Nur sie ist es, die diesen Supermarkt von einem daheim in Deutschland zu unterscheiden scheint.

Ich muss gestehen, dass mich der Besuch im Swakopmunder Supermarkt ziemlich erschüttert hat. Das also ist die moderne Form des Kolonialismus, sozusagen Kolonialismus 2.0 – oder wie Günther, der Mann mit dem Solarbackofen, sagte: „Das Ziel aller Entwicklungshilfe ist unterm Strich die Erschließung neuer Märkte." Zwar dominierten in den übrigen Supermärkten, die ich in Namibia besuchte, nicht ganz so hervorstechend Waren mit deutschsprachiger Beschriftung, doch überall gab es fast ausschließlich die Produkte der großen Nahrungsmittelkonzerne unserer westlichen Welt.

Zum Abschied, an der Kasse in Swakopmund, hätte ich übrigens noch Marzipankartoffeln, Lebkuchen und einen waschechten Schokoladenadventskalender mitnehmen können…

Schwarzwälder Kirschtorte wie in Swakopmund

Zutaten:

150 g Mehl
130 g Speisestärke
200 g Zucker
800 ml Sahne
6 Eier
80 g dunkle Schokolade
20 g Kakaopulver
2 Tl Backpulver
1 Glas Sauerkirschen
1 Pck. Vanillezucker
80 g Kirschkonfitüre
12 kandierte Kirschen
8 cl Kirschwasser
Schokoladenraspel
Salz
Butter zum Einfetten

Zubereitung:

Die Schokolade raspeln. Die Eier in Eiweiß und Eigelb trennen. Die Eigelbe in eine Schüssel geben und mit dem Mixer aufschlagen. 3 El heißes Wasser sowie 180 g Zucker hinzugeben und so lange schlagen, bis eine homogene Creme entstanden ist. Das Mehl, 100 g Speisestärke, den Kakao und das Backpulver hinzusieben und gut vermischen. Die geraspelte Schokolade unterheben. Die Eiweiße mit einer Prise Salz sehr steif schlagen und zum Schluss vorsichtig unter den Teig heben.

Eine Springform gut mit Butter einfetten, den Teig hineinfüllen und im auf 200°C vorgeheizten Backofen 20 Minuten lang backen. Dann die Backtemperatur auf 150°C senken und 10 Minuten lang weiterbacken. Herausnehmen und vollständig auskühlen lassen. Dann vorsichtig in drei Böden schneiden.

Die Sauerkirschen abgießen, die Flüssigkeit dabei auffangen und in einen Topf geben. 6 El davon abnehmen und in einem Schüttelbecher mit der restlichen Speisestärke gut vermischen. Die Flüssigkeit im Topf aufkochen und die Speisestärkemischung unter Rühren mit dem Schneebesen hineinfließen lassen, 3 Minuten unter Rühren köcheln lassen. Vom Herd nehmen, die Kirschkonfitüre gut unterrühren, danach die Kirschen untermischen und abkühlen lassen.

Die Sahne mit dem restlichen Zucker und dem Vanillezucker steif schlagen. Zum Schluss 4 El Kirschwasser unterrühren. Den untersten Tortenboden mit der Hälfte des noch vorhandenen Kirschwassers beträufeln und mit der Kirschmasse überziehen. Eine dünne Schicht der Sahne darüberstreichen, den zweiten Tortenboden darauflegen und mit dem Rest des Kirschwassers beträufeln. Ein Drittel der übrigen Sahne daraufstreichen und den letzten Boden auflegen. Ringsum mit der restlichen Sahne gleichmäßig bestreichen, dabei 8 El der Sahne übriglassen, in einen Spritzbeutel geben und in gleichmäßigen Abständen 12 kleine Sahnehäubchen oben an den Tortenrand setzen. Die Torte mit der geraspelten Schokolade bestreuen und auf jedes Sahnehäubchen jeweils eine kandierte Kirsche setzen.

Die Torte im Kühlschrank vor dem Verzehr mindestens 3 Stunden durchziehen lassen.

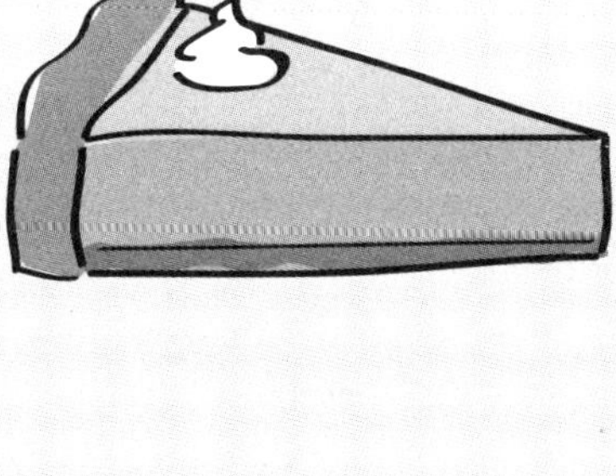

Begegnungen aus nächster Nähe – eine Bootstour in Walvis Bay

Unser nächster Reisetag führt uns ins 30 Kilometer südlich von Swakopmund gelegene Walvis Bay. Was tut man in einer Stadt, die den „Walfisch“ schon im Namen trägt? Man hält natürlich Ausschau nach Walen. Und wo eröffnen sich dazu die größten Chancen? Ein glasklarer Fall, auf dem Wasser! Also haben wir eine Bootsfahrt durch die Bucht von Walvis Bay gebucht.

Walvis Bay ist mit dem einzigen Tiefseehafen Namibias gesegnet. Die für die Schifffahrt so überaus günstigen natürlichen Gegebenheiten, die das Rivier des Kuiseb hier geschaffen hat, gewahrte schon 1487 der portugiesische Seefahrer Bartolomeu Diaz, der im Auftrag seines Königs die Küsten des südlichen Afrikas erforschte. Er ließ in der Walfischbucht ankern und stationierte ein Versorgungsschiff seiner kleinen Flotte dort, segelte selbst jedoch schon bald darauf weiter. Denn vor ihm lag noch die Herausforderung, als erster Europäer das Kap der Guten Hoffnung zu umrunden.

Es sollte noch mehr als 200 Jahre weitere Jahre dauern, bis Fischer aus Europa und später auch aus Nordamerika die Bucht für ihre Zwecke entdeckten. Das Atlantikwasser vor Walvis Bay ist ausgesprochen sauber und zudem kühl, deshalb bietet die Bucht einen phänomenalen Reichtum an Fischen. Das versprach satte Beute. 1793 beschlossen einige Buren aus Südafrika deshalb, hier eine Stadt zu gründen. Nur zwei Jahre später machten Briten ihre Hoffnungen zunichte und annektierten das vielversprechende Walvis Bay, einige Jahre darauf erweiterte die britische Krone ihren Besitzanspruch auf das umliegende Land. Während der deutschen Kolonialzeit blieb Walvis Bay britische Exklave, nach dem Ersten Weltkrieg fiel es wie der Rest des Landes unter südafrikanische Verwaltung. Entgegen einer Resolution der UNO hielt Südafrika den begehrten Hafen auch nach der Unabhängigkeit Namibias weiter besetzt, erst als das Apartheidsregime Südafrikas 1994 sein Ende fand, übergab die neue Regierung die Walfischbucht an Namibia.

Welch ein Segen für den jungen Staat. Denn nicht nur der Fischfang lässt Walvis Bay prosperieren, schon früh profitierte die Stadt auch vom Handel und von ihren Salinen, in denen heute jährlich bis zu 400.000 Tonnen Meersalz gewonnen werden. Sie ist inzwischen Namibias bedeutendster Handelshafen, verfügt über eine Werft und einen Flugplatz, ist Ausgangspunkt des Trans-Kalahari Highways und gewinnt zunehmend Bedeutung im Tourismussektor. Die Bucht bietet dank ihres verlässlichen Windes gute Möglichkeiten für Wind- und Kitesurfer, vorausgesetzt, dass diese sich von dem ziemlich kalten Wasser nicht abschrecken lassen. Dank der 25 Kilometer langen Sandbank, die die Lagune vom offenen Atlantik abschirmt, ist hier außerdem ein ideales Revier für Hochgeschwindigkeitssegler. Walvis Bay trägt oft World Cups in dieser Disziplin aus, wobei ständig neue Rekorde aufgestellt werden. Und nur acht Kilometer von der Stadt entfernt liegt Düne 7 im Hinterland, die höchste Düne der Region, von der man einen fantastischen Rundblick über die sandige Landschaft der Namib genießt. Düne 7 ist leichter zu erklimmen als ihre großen Brüder im Sossusvlei, außerdem gibt es hier Spaßangebote wie Quadfahrten oder die Möglichkeit, auf dem Sandboard über die Flanken der Düne hinabzugleiten.

Uns reizt allerdings mehr die Tierwelt der Lagune. Einige der zahllosen Flamingos, denen sie ein Refugium bietet, haben wir bereits beim Spaziergang an der palmengesäumten Uferpromenade im Süden der Stadt bewundert, wo sich landeinwärts die besseren Viertel von Walvis Bay anschließen. Die einfacheren Wohngebiete liegen im Norden der Stadt und bestehen aus Schachtelhäuschen und Hütten, die sich immer weiter ausbreiten. Walvis Bay, mit etwa 62.000 Einwohnern drittgrößte Stadt Namibias nach Windhoek und Rundu, wächst und hat einen zunehmenden Bedarf an Arbeitskräften, wobei das Stellenangebot saisonbedingten Schwankungen unterliegt.

Hätten wir mehr Zeit mitgebracht, so hätte sich ein Ausflug zum 42 Kilometer südlich gelegenen Sandwich Harbour angeboten. Auch Sandwich Harbour ist eine Lagune, geschützt durch eine zehn Kilometer lange Sandbank. Der kleine Hafen, der hier bis zur vorletzten Jahrhundertwende existierte, wird nicht mehr genutzt. Sandwich Harbour gehört heute zum Namib-Naukluft-Nationalpark und bietet deshalb zwischen Schilfgräsern, Watt und Dünen unzähligen Vögeln einen geschützten Lebensraum. Hier gibt es bis zu 450.000 Exemplare verschiedenster Arten, darunter Flamingos, Pelikane, Seeschwalben und Kormorane. Für Fahlregenpfeifer genießt diese Lagune sogar essentielle Bedeutung, denn 70 Prozent aller weltweit vorkommenden Vögel dieser Spezies leben hier. Und mehr als drei Viertel aller Flamingos des südlichen Afrikas kommen zum Fressen nach Sandwich Harbour. Man kann diese abgeschiedene Bucht nur mit dem Allradfahrzeug oder per Boot erreichen.

Wir aber bescheiden uns mit einer Schiffstour durch die Walfischbucht. Dazu begeben wir uns am Yachthafen auf einen Katamaran, und während dieser sich mit weiteren Ausflüglern füllt, nehmen wir gemütlich auf der Aussichtsbank am Bug Platz, die sich knapp oberhalb der Wasserlinie befindet. Hier versprechen wir uns einen guten Rundumblick, wer weiß, bestimmt sehen wir ein paar Robben, ja, vielleicht erhaschen wir sogar einen Blick auf einen Wal. Während wir noch vor Anker liegen, checke ich in aller Ruhe meine Fotoausrüstung, damit im Fall der Fälle auch bloß nichts schiefgeht. Deshalb bin ich gut abgelenkt und zucke zusammen, als um mich herum spitze Schreie ertönen. Irritiert sehe ich auf, um sogleich vom nächsten Schrecken durchfahren zu werden: Direkt vor mir sitzt eine triefend nasse Robbe! Und zwar keineswegs etwa eine niedliche kleine Kuschelrobbe, nein, es ist ein ausgewachsenes männliches Exemplar! Und dieses macht der Bezeichnung seiner speziellen Unterart alle Ehre, denn es handelt sich um einen Südafrikanischen Seebären. Männliche Tiere werden 2,5 Meter lang und entsprechend wuchtig und schwer. Wie er da so vor mir sitzt und seinen mächtigen Schädel hin- und herwirft, könnte es mir nur allzu leicht angst und bange werden.

Doch dazu besteht kein Anlass. Der Seebär interessiert sich nämlich nicht im Geringsten für mich, vielmehr hält er Ausschau nach unserem Skipper. Der kommt auch flugs herbei und bringt einen Eimer mit Fischen, aus dem er mein neues Gegenüber nun zu füttern beginnt. Derweil erzählt er uns, dass das Tier auf den Namen Spotty hört. Spotty ist nicht blöd, er hat sich auf diese Art der Nahrungsbeschaffung spezialisiert und springt mit verlässlicher Regelmäßigkeit an Bord, rechtzeitig bevor das Touristenboot am Morgen den Hafen verlässt. Und mit der gleichen Zuverlässigkeit kommt der Skipper mit seinem Eimer, denn dank Spotty ist die erste Attraktion der Ausflugsfahrt schon mal gesichert. Nachdem sich die Passagiere vom ersten Schreck erholt haben, setzt umgehend das große Fotografieren ein, und der eine oder andere wagt es sogar, Spotty über das feuchtglänzende Fell zu streichen. Da bin ich natürlich dabei!

Ich bin ganz beglückt über diese erste Begegnung, doch da folgt schon die nächste Überraschung: Gleich neben mir landet ein Pelikan auf der Reling! Fasziniert starre ich auf den Schnabel, der so aus unmittelbarer Nähe betrachtet wirklich riesig wirkt. Über die dunkle Oberseite ziehen sich lange rötliche Streifen, die den Schnabel noch länger wirken lassen, als er ohnehin schon ist. Unten an der Schnabelspitze enden sie in einer kleinen halbmondförmigen Wölbung. Der gelbe Hautsack am Unterschnabel, den der Pelikan so phänomenal weit dehnen kann, ist noch dezent zusammengezogen, und die weißen Federn schillern zartrosa im Sonnenlicht. Denn unser Gast ist ein Rosapelikan. Seine dunklen Augen, in denen sich die rosa Gesichtshaut spiegelt, scheinen mich kurz zu fixieren, wenden sich aber sofort mit majestätischem Desinteresse wieder ab. Denn auch der Pelikan sympathisiert ausschließlich mit dem Inhalt des Fischeimers. Es lässt ihn völlig kalt, dass sich nun alle Objektive auf ihn richten und einige vorwitzige Finger sogar behutsam nach seinem Gefieder tasten.

Plötzlich breitet er seine mächtigen Schwingen zu einem ornamentalen Federzelt über dem Kopf meines Sitznachbarn aus. Ein Schwirren in der Luft, vier weitere Pelikane erscheinen und streiten um den begrenzten Platz zu Füßen des Skippers. In den Wirren des Hin- und Hergeflatters erwischt es meinen Nachbarn: Einer der Pelikane hat sich erleichtert, eine dünne braune Brühe ergießt sich über den Ärmsten. Mit vereinten Kräften und Reinigungstüchern versuchen wir, zu retten, was zu retten ist. Mein dankbares Lächeln gehört meinem Mann, denn er hat mich dazu überredet, eine Windjacke auf die Bootstour mitzunehmen. Trotz Sonne kann es dabei ja empfindlich frisch und windig werden. Mit herabregnenden Pelikanausscheidungen hatten wir zwar nicht gerechnet, aber zufrieden stelle ich fest, dass die wasserdichte Windjacke auch über eine ebensolche Kapuze verfügt. Welch ein Segen!

Während wir aus dem Hafen hinausfahren, verlässt uns Seebärbulle Spotty. Vermutlich ist er inzwischen mehr als gesättigt. Die Pelikane hingegen scheinen an der Ausfahrt teilnehmen zu wollen, ebenso die kleineren Seebären, die nun vereinzelt um das Boot herumschwimmen.

Die Robbenart der Südafrikanischen Seebären, die nicht nur an den südlichen und vor allem den südwestlichen Küsten Afrikas, sondern auch im Süden Australiens verbreitet ist, wurde im 19. Jahrhundert durch intensive Jagd bis an den Rand der Ausrottung gebracht. Nicht nur ihr Fell, ihr Fett und ihr Fleisch lockten Jäger an, auch die Fischer stellten den Robben nach. Verzehren diese doch eine wahre Unmenge an Fisch, was sie zu einer äußerst unliebsamen Konkurrenz macht. Obwohl die Seebären noch immer bejagt werden, hat sich ihr Bestand dank einer strikten Quotenregelung inzwischen ausgesprochen gut erholt. Rund 1,5 Millionen Exemplare leben an Afrikas Küsten, besonders vor Namibia. Manche Kolonien umfassen hier mehr als 200.000 Tiere.

Wir können sie auf der Sandbank bestaunen, an deren Ufer wir dicht heranfahren. Zuvor sind wir zwischen den zahlreichen Schiffen hindurchgecruist, die in der Bucht ankern. Manchen davon warten auf einen Anlegeplatz im Hafen, viele aber steuern den Hafen erst gar nicht an, denn die Liegeplätze sind teuer. Dann werden die Schiffe gleich vor Ort in der Bucht entladen und von Versorgungskähnen bedient.

Mit etwas Glück kann man auf der Katamaranfahrt auch Benguela-Delfine, Große Tümmler und Meeresschildkröten beobachten, mitunter sogar die riesige Silhouette eines Mondfischs unter der Wasseroberfläche dahingleiten sehen. Während des südafrikanischen Winters lassen sich auch hin und wieder Buckelwale hier blicken. Uns sind derartige Sichtungen heute leider nicht vergönnt, aber dank der hautnahen Begegnungen mit Spotty und den Pelikanen sind wir trotzdem mehr als zufrieden. Das wilde Getümmel in den großen Robbenkolonien schenkt uns zudem noch weitere faszinierende Tierbeobachtungen. Massige männliche Seebären wälzen sich zwischen den deutlich kleineren Weibchen hindurch, während diese sich mit wütenden Drohgebärden um die besten Plätze zanken. Im Wasser um uns herum herrscht ein wildes Getümmel der Badenden. Wie sie so blitzschnell auf- und abtauchen, sich gleich darauf entspannt auf dem Rücken treiben lassen und die Flossen gegeneinanderklatschen, kommen sie mir vor, als seien sie vergnügte Kinder im Freibad. Ja, es scheint mir, als stünde ihnen dabei sogar ein Lächeln in ihrem Robbengesicht.

Hinter der Kolonie haben sich Flamingos auf der Sandbank versammelt und stolzieren in eleganter Formation auf deren Grat entlang. Dieses zauberhafte Bild wird überragt vom schwarz-weiß gestreiften Leuchtturm Pelican Point, der mitten auf der sandigen Zunge thront. Noch ewig könnte ich den Tieren zuschauen, und viel zu schnell gehen die vier Stunden der Katamarantour vorüber. Nun nehmen wir wieder Kurs auf die Küste, wo die riesigen Kräne der neuen Hafenanlage von Walvis Bay emporragen. Diese Anlage hat 300 Millionen Euro an Baukosten verschlungen. Sie wurde von chinesischen Unternehmen errichtet und mit Krediten der Volksrepublik finanziert.

Im Gegenzug, so erklärt uns unser Skipper, erlaubt man China umfassende Investitionen in das Husab-Uranprojekt. Dabei handelt es sich um eine der Uranminen dieser Region, 50 Kilometer Luftlinie von Walvis Bay entfernt. Die Husab-Mine befindet sich noch in der Entwicklung, aber man geht davon aus, dass sie sich zur größten Tagebaumine des afrikanischen Kontinents und zur zweitgrößten Uranmine der Welt mausern wird (nach einer Mine im Norden von Kanada). 90 Prozent der Husab-Minengesellschaft gehören inzwischen chinesischen Unternehmen, es handelt sich um Chinas mit Abstand größte Einzelinvestition in Afrika. Und somit habe ich auf der Bootstour in Walvis Bay auch noch erfahren, wie die nächste Stufe des Kolonialismus aussieht. Der Kolonialismus 3.0!

Speckaustern aus der Pfanne

Zutaten für 4 Personen:

24 Austern
24 dünn aufgeschnittene Scheiben magerer Speck
1 unbehandelte Zitrone
1 rote Chilischote
2 Knoblauchzehen
300 g Crème fraîche
1 Bd. Blattpetersilie
2 Tl Senf
1 El brauner Zucker
geschmacksneutrales Speiseöl
Tabasco
Pfeffer, Salz

Zubereitung:

Die Zitrone waschen, den gelben Schalenanteil dünn abraspeln, die Zitrone auspressen. Die Blättchen der Petersilie abzupfen und fein hacken. Die Crème fraîche in eine Schüssel geben, die Hälfte des Zitronensafts, die abgeriebene Schale, ¾ der Petersilie, Zucker und Senf unterrühren. Salzen, pfeffern und mit ein paar Spritzern Tabasco würzen.

Die Chilischote längs aufschneiden, entkernen und in kleine Stückchen hacken. Die Knoblauchzehen häuten und in dünne Scheibchen schneiden. Die Austern gründlich waschen, aufbrechen, das Fleisch herauslösen. Jeweils mit einer Scheibe Speck umwickeln und diese mit einem Zahnstocher fixieren. In einer Pfanne einen guten Schuss Öl erhitzen, Knoblauch und Chili hinzugeben und kurz anbraten. Nun die umwickelten Austern dazugeben und 4 Minuten lang ringsum scharf braten. Vom Herd nehmen, salzen, pfeffern, mit dem restlichen Zitronensaft beträufeln und mit der restlichen Petersilie überstreuen.

Den Crème-fraîche-Dipp noch einmal durchrühren und zusammen mit knusprigem Weißbrot zu den Speckaustern servieren.

Austern aus Walvis Bay genießen unter Feinschmeckern einen exzellenten Ruf. Nach Europa dürfen sie allerdings nicht importiert werden, weil die EU die französischen Austernproduzenten schützen will. 88 Prozent der in Europa verkauften Austern kommen aus französischen Kulturen, der Rest aus anderen EU-Mitgliedsstaaten.

Zuflucht im Canyon – zwei Geologen und der Kampf ums Dasein

Das Rivier des Kuiseb, dem die Walfischbucht ihre Existenz verdankt, mündet zehn Kilometer südlich von Walvis Bay in die Lagune ein. Es ist eins der größten Riviere Namibias, auch wenn es sich auf den letzten Kilometern seines Verlaufs nur als ein breites, verdorrtes Tal präsentiert. Erst ab Rooibank, einer 20 Kilometer hinter der Küste gelegenen früheren Missionsstation, beginnt sich das Rivier allmählich mit Vegetation zu füllen, die in seinem weiteren Verlauf immer dichter wird. Dann zieht der Kuiseb sich als grünes Band quer durch die Wüste. Wie eine scharfe Naht trennt er deren orangerote Sanddünen im Süden von dem kargen, felsigen Plateau des Nordens. Dieses kennzeichnet sein bleichbeiger Untergrund, der von den Zuflüssen des Kuiseb durchzogen ist. Das Rivier selbst stellt eine unüberwindbare Barriere für die Wanderung der südlich davon gelegenen Dünen dar. Zwar treibt der Wind sie beständig nordwärts, doch ihr Sand sammelt sich im Rivier und schafft es nicht darüber hinaus. Wenn der Kuiseb Wasser führt, trägt er ihn mit sich fort und spült ihn schließlich in die Lagune von Walvis Bay.

Doch das geschieht nur bei ergiebigen Regenfällen im Khomashochland, einem Gebirge im zentralen Landesteil westlich von Windhoek. Hier liegt die Heimat des Kuiseb. Im Durchschnitt nur alle zehn Jahre regnet es dort so stark, dass die Wassermassen des Kuiseb zu einem Abgang anschwellen können, der am Ende seines 560 Kilometer langen Weges den Atlantik erreicht. Weil die Trockenheit in den vergangenen Jahren zunehmend drastischer wird, geschieht das zudem immer seltener. Wenn der Kuiseb überhaupt Wasser führt, so versickert dieses meist schon weit vor seiner Mündung im Untergrund der Namib. Auch die intensive Nutzung des Grundwassers im Bereich des Riviers führt dazu, dass es in seinem Unterlauf immer trockener wird.

Dabei stellt sein Tal eine wichtige Lebensader für die Tier- und Pflanzenwelt der kargen Region dar. Und welche Wucht die Abgänge des Kuiseb erreichen können, davon erzählen die tiefen Canyons und die gewaltigen Schluchten, die er in den felsigen Untergrund hineingefräst hat. Allerdings kann ich mir nur schwer vorstellen, dass sich im Kuiseb-Canyon eine Oase der Fruchtbarkeit verbergen soll, als ich vom Kuiseb-Pass hinab auf die kahle Welt aus graubraunen, rund geschliffenen Felsbuckeln und tiefen Kerben blicke, die sich schier endlos bis zu den Bergen am Horizont erstreckt. Sie wirkt ganz ausgestorben, eine raue Mondlandschaft, brutal und mörderisch für jeden, der sich hineinwagen sollte. Und doch wird erzählt, dass man hier überleben kann. Ja, es soll sogar versteckte Tümpel geben, in denen fette Karpfen leben. Das kann doch wohl nur eine aberwitzige Münchhausengeschichte sein!

Dies ist die Geschichte zweier Männer, die in dieser Landschaft nicht resignierten. Die ihr ganz im Gegenteil voller Mut und Abenteuerlust begegneten, und die ein faszinierendes Robinson-Dasein im Canyon des Kuiseb führten. Sie überlebten in dieser Wüstenei sogar unglaubliche zweieinhalb Jahre lang, ganz auf sich allein gestellt in einem der lebensfeindlichsten Gebiete unserer Erde. Zwei Männer und ein Hund namens Otto.

Henno Martin und Hermann Korn lernen sich 1934 an der Universität Bonn kennen, beide schreiben dort als frisch gebackene Geologen ihre Dissertation unter der Obhut desselben Doktorvaters. Schnell freunden sie sich an und fassen voller jugendlichem Enthusiasmus einen wagemutigen Plan: Fasziniert von den Schilderungen ihres Doktorvaters, der vor dem Ersten Weltkrieg im damaligen Deutsch-Südwestafrika wirkte, beschließen sie, selbst auch dorthin zu reisen und ihrerseits bisher unerforschtes Terrain zu erkunden. Als Ziel fassen sie zunächst das Hinterland der Skelettküste ins Auge, das Kaokoveld, ein riesiges Gebiet im Norden Südwestafrikas.

Die Tinte, mit der ihre Promotionsurkunden unterzeichnet wurden, ist noch nicht ganz trocken, da brechen die beiden auch schon auf. Ein Dampfer der Woermann-Linie bringt sie im September 1935 nach Walvis Bay, von dort geht es weiter über Swakopmund nach Windhoek. Martin und Korn reisen auf eigene Faust und ohne Unterstützung durch Forschungsgelder. Sie sind deshalb darauf angewiesen, Geld zu verdienen. Doch das ist kein Problem, Geologen sind in Südwestafrika immer gefragt. Es gibt genug Farmer, die nur zu gerne ordentlich bezahlen, wenn man ihnen denn zu ergiebigen Brunnen verhilft. So kommt es, dass es mit dem Kaokoveld zunächst nichts wird. Stattdessen verschlägt es die beiden ins Naukluft-Gebirge, ein markantes Massiv am Ostrand der Namib, etwa 200 Kilometer südwestlich von Windhoek gelegen. Auch das ist durchaus reizvoll für die zwei, denn das uralte Vulkangestein des Naukluft, über das sich Schichten aus Dolomit und Kalkstein geschoben haben, ist noch unerforscht. Bis dato hat zudem niemand das Gebiet kartiert.

Auf Basis ihrer Untersuchungen stellen sie Ende 1936 eine These auf, die einer bisherigen Lehrmeinung widerspricht. Damit verärgern sie einen angesehenen Geographen daheim in Deutschland und lösen in der Folge einen heftigen Disput in Wissenschaftskreisen aus. Was sich daraus entwickeln würde, hatten sich die gutgläubigen jungen Geologen wohl nicht vorstellen können: Ihre Gegner schmieden eine Intrige, mit der sie die beiden streitbaren Geister politisch verunglimpfen. In Deutschland herrschen nämlich seit fast vier Jahren die Nazis und haben ihre Macht inzwischen zementiert. Es ist ein Kinderspiel, unliebsame Mitmenschen loszuwerden, indem man sich die Vernichtungswut der Nazis gegenüber allen Andersdenkenden zunutze macht. Eine Rückkehr nach Deutschland ist für Martin und Korn nun vorerst ausgeschlossen. Und das, obwohl die beiden an Politik bisher nicht das geringste Interesse zeigten!

Als sich die Gefahr eines erneuten Krieges in Europa immer drohender abzuzeichnen beginnt, beschließen sie, rechtzeitig die Flucht zu ergreifen, und treffen entsprechende Vorbereitungen. Tatsächlich erklärt Südafrika schon kurz nach Ausbruch des Zweiten Weltkriegs im September 1939 seine Kriegsteilnahme auf britischer Seite. Allen Deutschen, die in Südafrikas Mandatsgebiet Südwestafrika leben, droht die Internierung. Weil Martin und Korn mit den Nazis nichts am Hut haben, dürfen sie zwar zunächst in Windhoek bleiben, müssen allerdings ihre Waffen abliefern. Doch als sich die Kriegshandlungen immer weiter verschärfen, schwindet die Toleranz der Mandatsregierung gegenüber den Deutschen in Südwest zunehmend. Auch Martin und Korn müssen jetzt damit rechnen, jederzeit in ein Lager gesperrt zu werden.

In einer Nacht- und Nebelaktion verlassen sie deshalb im Mai 1940 Windhoek mit einem Kleinlaster. An Bord haben sie einiges an Proviant und Ausrüstungsgegenständen, eine Pistole, eine Schrotflinte, Munition und den Hund Otto. Auf Umwegen und in ständiger Angst vor Entdeckung ihrer Spuren erreichen sie eine Schlucht im Kuiseb-Canyon, die ihnen als Versteck geeignet erscheint. Denn am Grund der Schlucht finden sie Tümpel, in denen Karpfen leben. Damit bietet sie den Männern nicht nur das lebenswichtige Wasser, sondern auch die Möglichkeit, sich Nahrung zu beschaffen. Neben den Karpfen gibt es nämlich auch Wild, das zum Trinken herbeikommt.

Oberhalb der Schlucht entdecken sie zudem eine geräumige Höhle, die sich als Unterschlupf eignet. Ein passendes Versteck für den kleinen LKW findet sich fünf Kilometer entfernt. Das Fahrzeug muss gut von Felsvorsprüngen abgedeckt sein, denn Martin und Korn befürchten eine Entdeckung aus der Luft. Nicht zu Unrecht haben sie Angst, dass nach ihnen gesucht wird, wobei neben Wüstenpatrouillen auch Erkundungsflieger zum Einsatz kommen.

Nun beginnt eine spannungsgeladene Zeit, allein auf völlig ungewohntem Terrain. Wie überlebt man in der Wüste? Die beiden müssen grundlegendste Dinge lernen. Doch ihr Überlebensgeist lässt sie unerschrocken und zuversichtlich bleiben, und ihre Intelligenz hilft ihnen, Lösungen selbst für die kniffligsten Probleme zu finden. Sie schmelzen Schrotmunition zu Bleikugeln, um Beutetiere auch auf größere Distanz erlegen zu können, sie legen mit mitgebrachtem Saatgut einen Gemüsegarten im Bett des Riviers an. Mithilfe eines Windgenerators laden sie die Autobatterie und betreiben damit ein Radio, um das Kriegsgeschehen verfolgen oder Sinfoniekonzerten lauschen zu können. Sie finden heraus, wie sie ihre Beute haltbar machen können, sie räuchern das Fleisch, kochen Extrakt daraus oder trocknen es zu Biltong.

Wie hart und entbehrungsreich ihr Alltag in der Wüste ist, wird Henno Martin später sehr eindringlich in seinem Buch „Wenn es Krieg gibt, gehen wir in die Wüste“ schildern. Es ist mehr als bloß ein Bericht über den Kampf ums Überleben in feindlicher Umwelt. Zwar erzählt Martin von den Mühen, die Jagd und Wassersuche bereiten, von den Rückschlägen und den kleinen Katastrophen des Alltags in der Wüste. Oder von den Sorgen um den Hund, der an den Spuren des nahen Leoparden allzu großes Interesse zeigt. Aber Martin berichtet auch von den Erkenntnissen, die die Männer erlangen, weil sie sich trotz allem weiter mit ihrer wissenschaftlichen Arbeit befassen. Von den kleinen Wundern, die sie erleben, von den philosophischen Gesprächen, mit denen sie die Zeit überbrücken, und den tiefgründigen Gedanken, die ihnen die Einsamkeit schenkt. Von ihren Grenzerfahrungen, von der Verzweiflung und der Wut, die sie mitunter packen, oder von der Schwermut, die Hermann Korn schließlich befällt, als ihm die Situation allzu ausweglos erscheint und er auch in seinem Geigenspiel keinen Trost mehr zu finden vermag. Es ist ein faszinierendes Buch, spannender und ergreifender als manch fantasievoller Abenteuerroman.

Die beiden Geologen unternehmen oft tagelange Streifzüge in die Umgebung, weil das Wild die Schlucht verlässt und sie keine Nahrung mehr finden. Eines Tages spießt eine Orxyantilope Otto mit ihren Hörnern auf und verletzt ihn schwer. Um den Hund zu retten, überwinden die Männer ihre Furcht vor Verrat und suchen die gut 35 Kilometer entfernte Farm „Niedersachsen" auf. Der Farmer zeigt sich solidarisch und hilft. Zurück im Wüstenversteck müssen sie schließlich umsiedeln, weil das Wasser in den kleinen Kolken ihrer Schlucht endgültig versiegt. Sie finden ein neues Versteck mit günstigen Bedingungen, doch die Freude währt nicht allzu lange. Denn die Polizei ist in der Nähe auf Streifzug. Furcht vor der Entdeckung treibt Martin und Korn in ein drittes Schlupfloch. Auch hier gibt es eine Wasserstelle, doch leider wird diese ständig von Pavianen verschmutzt.

Als dann auch noch die Lebensmittel zur Neige gehen, droht die Lage zu eskalieren. In dieser verzweifelten Situation wagt Hermann Korn eine Nachtfahrt nach Windhoek, und es gelingt ihm tatsächlich, heimlich neue Nahrungsvorräte zu organisieren. Alles scheint gut zu werden, weil nun endlich auch der lang ersehnte Regen kommt. Doch die Begeisterung der beiden Männer wird schnell erstickt und mündet im nächsten Debakel. Denn die Himmelsfluten ergießen sich mit voller Wucht, das Lager wird in kürzester Zeit überflutet. Nur mit Mühe können die beiden sich und ihre Habseligkeiten retten.

Schließlich ist Hermann Korn mit seinen Kräften am Ende. Der Vitaminmangel zeigt gefährliche Folgen, Korn erkrankt ernsthaft. Als sein Zustand immer bedrohlicher wird, brechen die beiden im September 1942 ihr Survival-Experiment ab und kehren nach Windhoek zurück. Schon zwei Wochen später werden sie vor Gericht gestellt, ihre Vergehen reichen von der Versäumnis, die Änderung des Wohnsitzes zu melden, über Hinterziehung von Hunde- und KFZ-Steuern bis zur Wilderei. Doch sie kommen mit einer kleinen Geldstrafe davon, angesichts ihrer Geschichte sieht die Regierung zudem von einer Internierung ab. Stattdessen bekommen Martin und Korn eine Anstellung beim staatlichen Wasserbauamt und suchen nun im Auftrag der Regierung neue Wasserstellen, damit in der Wildnis weiteres Farmland erschlossen werden kann.

Hermann Korn verunglückte 1946 in Windhoek tödlich, als sein Auto von einer Brücke stürzte. Otto, der Hund, lebte noch einige Jahre, wurde am Ende taub und verschwand eines Tages. Henno Martin erhielt eine Professur an der Universität Kapstadt, später in Göttingen, wo er 1998 starb.

Heute verläuft die Hauptstraße C14, die von Walvis Bay zunächst ostwärts durch die Namib und dann weiter bis in den Süden des Landes führt, nur gut zwei Kilometer Luftlinie nördlich des ersten Verstecks der beiden Geologen. Man kann es über einen sechs Kilometer langen Zuweg erreichen, für dessen Befahren allerdings eine Genehmigung erforderlich ist. Die zwei anderen Zufluchtsorte sind noch abgelegener. Weil alle drei Verstecke von der Straße aus unsichtbar bleiben, wird Touristen gerne erzählt, dass es sich bei der fünfeinhalb Kilometer östlich vom Kuiseb-Pass gelegenen Grotte um den „Henno-Martin-Shelter“ handle. Sie wirkt durchaus attraktiv, ist von der Straße aus gut einsehbar und dank einer Schotterpiste auch bequem erreichbar. Dennoch bleibt sie nichts als eine einsame Höhle in der Wüste.

Nach dem Kuiseb-Canyon passieren wir an diesem Tag noch den Wendekreis des Steinbocks. Das ist der Breitenkreis der Südhalbkugel, auf dem die Sonne jeweils am Mittag des Sonnenwendtages im Zenit steht. Von dort geht es weiter nach Solitaire, einer winzigen Siedlung am Rand des Namib-Naukluft-Parks. Ihren Namen hat sie sich wohl verdient, denke ich, wie sie da allein auf weiter Flur in einer schier unendlichen Ebene der Wüste liegt. Trotzdem ist Solitaire heute ein Besuchermagnet, und das nicht nur, weil es mit fotogenen Oldtimern geschmückt ist, die teilweise halb im Sand versunken sind. Angeblich soll es hier auch den besten Apfelkuchen in Namibia, wenn nicht sogar in ganz Afrika geben!

Auf jeden Fall gewährt Solitaire freie Sicht auf das wild zerklüftete Naukluft-Gebirge in der Ferne. Dorthin, wo das afrikanische Abenteuer der beiden Überlebenskünstler Henno Martin und Hermann Korn seinen Anfang nahm.

Apfelkuchen wie in Solitaire

Zutaten:

1,5 kg aromatische Äpfel
300 g Butter (zimmerwarm)
500 g Mehl
300 g Zucker
3 Eier
50 ml Sahne
1 Pck. Vanillezucker
2 Tl Backpulver
Butter zum Einfetten

Zubereitung:

Die Hälfte der Butter mit 100 g Zucker schaumig aufschlagen. Die Eier und die Sahne unterrühren, danach die Hälfte des Mehls und das Backpulver hinzusieben und alles gut mit dem Handmixer durchmischen. Ein Backblech mit Butter einfetten und den Teig darauf verteilen. Die Äpfel schälen, vierteln und das Kerngehäuse entfernen. Jedes Viertel jeweils längs und quer durchschneiden und die Stücke dicht auf dem Teig verteilen, dabei überlappen lassen.

Nun die restliche Butter, die 200 g Zucker und den Vanillezucker schaumig aufschlagen und das übrige Mehl nach und nach untermischen. Dann mit der Hand zerbröseln, sodass Streusel entstehen. Die Streusel über den Äpfeln verteilen.

Den Backofen auf 180°C vorheizen und den Apfelkuchen ca. 40–45 Minuten lang backen, bis die Streusel goldbraun sind. Etwas abkühlen lassen und noch warm servieren.

Im Sperrgebiet – Zacharias und der Schatz in der Wüste

Zacharias Lewala war an harte Arbeit gewöhnt. Er stammte aus Südafrika und hatte dort lange Jahre in den Diamantenfeldern von Kimberley geschuftet. Gemeinsam mit hunderten von Diamantensuchern musste er mühsam Zentimeter für Zentimeter der Claims durchgraben. Die weißen Herren behandelten ihre schwarzen Arbeiter nicht immer gut, und die Bezahlung war miserabel. Und das, obwohl die Besitzer der Claims mit den gefundenen Steinen ein Vermögen verdienten! Zacharias verstand nicht, was die Weißen an diesen merkwürdigen harten Glitzersteinen fanden, die als mehr oder weniger unansehnliche Gebilde aus dem Boden kamen, oder warum er und seine Gefährten sich so hart dafür schinden mussten. Doch was blieb Zacharias übrig? Von irgendwas musste er schließlich leben.

Eines Tages aber war die oberste Gesteinsschicht komplett durchwühlt. Mehr Diamanten schienen hier nicht zu holen zu sein. Die geplünderten Claims kaufte der Brite Cecil Rhodes und gründete damit sein Unternehmen, das er nach der Burenfarm, auf der sich diese Claims befanden, auf den Namen De Beers taufte. Rhodes bezweifelte nämlich, dass die Claims wirklich erschöpft sein sollten. Er ließ den Untergrund immer weiter aufreißen, weil er in der Tiefe auf neue Ausbeute hoffte. So entstand das Big Hole von Kimberley. Die Plackerei nahm für die Arbeiter barbarische Ausmaße an.

Zacharias, inzwischen nicht mehr der Jüngste, horchte deshalb auf, als er von einem Stellenangebot in Deutsch-Südwestafrika hörte. Die Hafenstadt Lüderitz war inzwischen durch eine 318 Kilometer lange Bahnlinie mit dem östlich gelegenen Keetmanshoop verbunden worden, einer Missionsstation, wo sich auch ein Fort der Schutztruppe befand. Noch tobte der Krieg gegen die Nama, und die deutschen Kriegsherren pochten auf schnellen Nachschub an Munition und Proviant. Dieser wurde über den Hafen von Lüderitz herbeigeschafft, und die Gefangenen entsorgte man wiederum auf dem umgekehrten Weg nach Shark Island, einer Insel in der Lüderitzbucht, die zu einem grauenvollen Konzentrationslager umfunktioniert worden war. Damit diese wechselseitigen Transporte reibungslos verlaufen konnten, wurde die Bahnstrecke gebaut, denn auf dem weitaus größten Teil der Strecke gab es kein Trinkwasser. Der Überlandtransport mit Pferden und Ochsenkarren verursachte deshalb erhebliche Schwierigkeiten. Allerdings reichte auch die Bahnstrecke allein nicht aus, um diese Probleme zu lösen. Denn ständig wehte der Wind den Sand der Wanderdünen auf die Gleise und machte diese unbefahrbar. Deshalb mussten Leute abbestellt werden, welche die Bahnstrecke immer wieder aufs Neue von den Verwehungen befreiten.

Der Eisenbahner August Strauch aus Thüringen wurde zu diesem Zweck am Bahnhof Grasplatz unweit der Stadt Lüderitz stationiert. Er sollte von dort aus ein 20 Kilometer langes Teilstück der Strecke warten. Um diese Aufgabe bewerkstelligen zu können, durfte er einen Gehilfen einstellen. Doch den Einheimischen aus der Region traute Strauch nicht, schließlich befanden sich Deutsche und Nama noch immer im Krieg. Deshalb überlegte er nicht lange, als Zacharias sich auf die Stelle bewarb, und stellte ihn ein.

Tagaus, tagein schaufelte Zacharias nun Flugsand von den Gleisen. Nein, es war keine leichte Arbeit, eintönig und ständig unter der erbarmungslos brennenden Sonne. Aber immer noch besser als das strapaziöse Hacken und Steineschleppen im Diamantenloch von De Beers. Zumal Strauch sich als Chef deutlich freundlicher zeigte als die Aufseher im Big Hole. Deshalb zögerte Zacharias auch nicht, Strauch herbeizurufen, als er eines Tages im April 1908 beim Schaufeln ein paar harte Steine freilegte. Die kamen ihm nämlich ziemlich vertraut vor, sahen sie doch den begehrten Rohdiamanten aus Südafrika verblüffend ähnlich!

Flugs steckte Strauch die Fundstücke in seine Hosentasche. Daheim betrachtete er sie genauer. Sollten das wirklich Diamanten sein? Zwar befasste er sich seit geraumer Zeit mit Mineralogie, aber das Glück, echte Rohdiamanten in Händen zu halten, war ihm bislang noch nicht beschieden worden. Deshalb brachte er die Klunker zur Analyse nach Lüderitz. Dort wohnte sein Freund, der Bahningenieur Sönke Nissen, der sich mit solchen Dingen besser auskannte.

Nissens Augen leuchteten auf, als er die Steine unter die Lupe nahm. „August, die sind echt!“, rief er aus. „Es besteht keinerlei Zweifel!“ Schnell fassten die beiden Männer einen Entschluss. Sie kündigten und sicherten sich einen 75 Quadratkilometer großen Claim rund um die Fundstelle herum. Innerhalb des Gebiets lag die Kolmanskuppe, eine Anhöhe, benannt nach dem Nama Johnny Coleman. Der war dort 1905, als die Eisenbahnstrecke noch nicht existierte, mit seinem Ochsenkarren steckengeblieben. Den Karren musste er aufgeben, konnte sich selbst aber retten, was beileibe nicht jedem Reisenden auf dieser Strecke gelang.

Die Entscheidung von Strauch und Nissen erwies sich als fabelhaft. Tatsächlich lagen die Diamanten rings um Kolmanskuppe im Sand herum, als hätte die Glücksgöttin persönlich sie verschwenderisch aus ihrem Füllhorn geschüttet. Wie gelangte dieser Schatz in die Wüste?

Diamanten entstehen tief im Erdmantel durch extremen Druck und entsprechende Temperaturen aus Kohlenstoff. Gasreiches Magma, das bei vulkanischen Eruptionen emporbricht, kann Material aus dem Erdmantel mitreißen, in dem solche Diamanten enthalten sind. Genau das vollbrachte die Lava, die im südafrikanischen Kimberley an die Oberfläche trat und zu Kimberlitgestein erstarrte. Das dortige Gebiet ist von etlichen Zuflüssen des Oranje durchzogen. Die Erosion zersetzte den Kimberlit im Lauf der Jahrmillionen, der Regen spülte ihn als Sand in diese Flüsse. Nur an den harten Diamanten biss sich die Verwitterung die Zähne aus. Deshalb gelangten sie als kleine Kiesel in die Flüsse, die sie an den Oranje weiterreichten. Der Oranje aber, das wissen wir bereits, ist der Vater der Namib. Alles, was mit ihm in den Atlantik fließt, treibt der Benguelastrom am Ende an Namibias Küsten. Hier übernimmt der Wind und pustet das Material in die Wüste hinein. Und weil er mitunter ganz schön kräftig bläst, nimmt er dabei auch die Diamanten mit. Sie sind glasklar, weshalb sie sich zu besonders strahlenden Brillanten schleifen lassen. Entsprechend beliebt sind diese Steine auf dem Juwelenmarkt. Sie gelten heute als die reinsten und teuersten Diamanten der Welt.

Schnell sprach sich der Sensationsfund von Kolmanskuppe unter Glücksrittern herum. Immer mehr Diamantengesellschaften wurden gegründet, immer mehr Claims abgesteckt. Um Schutz vor unlizenzierten Diamantensuchern zu gewährleisten, wurde die gesamte Region noch 1908 vom Reichskolonialamt zum Sperrgebiet erklärt. Nur die Stadt Lüderitz und die dort hinführende Straße blieben öffentlich zugänglich.

Der Ort Kolmanskuppe, zunächst nur ein kleines Diamantensuchercamp, begann zu boomen. Und das, obwohl er außer seinen Diamanten nichts als Sand und erbarmungslose Hitze zu bieten hat! Wurden zunächst nur bescheidene Arbeiterbaracken errichtet, so gesellten sich bald die vornehmen Villen der glücklichen Schatzfinder hinzu. Und die neureiche Gesellschaft verlangte nach einem entsprechenden Umfeld, was sie sich natürlich auch leisten konnte. In der Wüstenei entstanden nach dem Vorbild deutscher Städte Verwaltungsgebäude, eine Schule, ein Elektrizitätswerk sowie eine Eisfabrik, um die Kühlschränke der feinen Herrschaften betreiben zu können. Das Krankenhaus, das die Bewohner der Retortensiedlung sich gönnten, besaß die erste Röntgenstation von ganz Afrika. Für bequemen Transport sorgte die erste Straßenbahn des Kontinents. Dazu gesellten sich Läden, eine Turnhalle, eine Kegelbahn, ein Theater, ein Kasino sowie ein Schwimmbad. Letzteres ist umso bemerkenswerter, als es weit und breit kein Wasser gab! Tatsächlich wurde alles Wasser für Kolmanskuppe aus dem 1.000 Kilometer entfernten Kapstadt herbeigeschafft.

Man mag aus diesen Fakten erahnen, welch ein Reichtum sich hier auftat. Kolmanskuppe explodierte im Handumdrehen vom Nichts zur reichsten Stadt des ganzen Kontinents. In nur fünf Jahren wurden Diamanten im Wert von 151 Millionen Goldmark gefördert. Das entspricht nach einer Umrechnung des Statistischen Bundesamtes in etwa der Kaufkraft von 1,5 Milliarden Euro. Hohe Steuern flossen an das Deutsche Reich, und endlich brachte die Kolonie am unteren Ende der Welt auch ein paar erkleckliche Erträge, statt wie bisher nur Kosten zu verursachen.

In den besten Zeiten lebten bis zu 400 Bürger in Kolmanskuppe, dazu 800 Arbeiter in einem separaten Ortsteil. Deren Job war es, bäuchlings durch den Sand zu robben und Zentimeter für Zentimeter zu durchsieben. Sie erhielten Zweijahresverträge, lief ihr Vertrag aus, so kamen sie zunächst in Quarantäne und mussten Rizinusöl schlucken. Sodann hatten sie sich über einem Sieb zu erleichtern, damit auch ja keiner auf die Idee verfiel, Diamanten im Körper aus der Siedlung herauszuschmuggeln. Eifersüchtig hüteten die Claimbesitzer ihre Schätze.

Doch leider währte das Glück nicht ewig. Gegen Ende des Ersten Weltkriegs erschöpften sich die Diamantenvorräte von Kolmanskuppe allmählich. Hingegen tauchten weiter im Süden neue Funde auf, der Boom verlagerte sich dorthin. Es entstanden neue Siedlungen wie Elisabethbucht und Charlottenthal, doch auch hier versiegte der Segen allzu bald. Die aufgegebenen Claims wurden an den Hessen Ernst Oppenheimer verkauft. Dieser gründete eine Diamantengesellschaft, die schon 1920 in die Firma De Beers einstieg, welche zwischenzeitlich in eine finanzielle Schieflage geraten war. Oppenheimer wurde Präsident von De Beers, ein Posten, der bis heute innerhalb seiner Familie weitergereicht wird. Die von Oppenheimer gegründete Vertriebsgesellschaft kontrollierte über Jahrzehnte hinweg fast den gesamten weltweiten Diamantenmarkt.

Die Förderung der wertvollen Steine ließ er immer weiter perfektionieren, anstelle von Sieben durchwühlten nun riesige Maschinen die Wüste. Als dort eines Tages auch damit nicht mehr viel zu holen blieb, verlagerte sich die Suche auf den Meeresboden. Denn zunächst spült der Oranje seine kostbare Fracht ja dorthin. Bereits 1936 hatte Oppenheimers Gesellschaft die Stadt Oranjemund an der Mündung dieses Diamantenflusses rund 250 Kilometer südlich von Lüderitz gegründet, sie blieb bis 2010 im Privatbesitz der Firma. Und seit den Neunzigerjahren des letzten Jahrhunderts wird die

Diamantensuche am Grund des Atlantiks von Oranjemund aus massiv vorangetrieben, heute stammen rund zwei Drittel der namibischen Diamanten dorther. Namibia gehört mit annähernd zwei Millionen Karat jährlicher Fördermenge zu den zehn größten Diamantenlieferanten der Welt.

Doch Kolmanskuppe, das heute meist in der afrikaansen Übersetzung als Kolmanskop bezeichnet wird, konnte von dem neuen Reichtum nicht profitieren. Schon 1930 wurde die dortige Diamantensuche endgültig eingestellt, rasch verließen die letzten Bewohner den Ort, um ihr Glück woanders zu suchen. Was sie nicht dringend benötigten, ließen sie in Kolmanskuppe zurück. Die frühere Boomtown mutierte zu einer gespenstischen Geisterstadt. Allmählich, aber unaufhaltsam zog die Wüste in die verlassenen Gebäude ein, Sand türmte sich in den bordürengeschmückten Salons der Villen auf. Doch manche Gebäude wurden inzwischen restauriert und originalgetreu eingerichtet. Denn heute ist Kolmanskuppe eine Touristenattraktion.

Der Zugang zu Kolmanskuppe sowie zu den anderen verlassenen Orten des Sperrgebiets ist allerdings nach wie vor genehmigungspflichtig. Denn obwohl die 26.000 Quadratkilometer große Region inzwischen offiziell die Bezeichnung „Tsau-ǁKhaeb-(Sperrgebiet)-Nationalpark" trägt (die merkwürdigen Striche bezeichnen einen Klang aus der Klicklautsprache), werden Besucher noch immer mit Argusaugen betrachtet und dürfen unter keinen Umständen ohne Aufsicht dort hinein. Die Stadt Oranjemund ist überhaupt erst seit Oktober 2017 für die Öffentlichkeit zugänglich.

Seit der Diamantentagebau rückläufig ist, profitiert die Natur im Sperrgebiet von der weitgehenden Abwesenheit des Menschen. Im Sand gedeihen Sukkulenten, die sich in dieser extrem wasserarmen Region mit der Feuchtigkeit des vom

Atlantik heraufziehenden Seenebels bescheiden müssen. An den Küsten leben große Robbenkolonien, auch Brillenpinguine finden hier ein Refugium. Die genügsamen Oryxantilopen arrangieren sich genauso wie Geier, Schlangen und anderes Getier mit den harten Bedingungen der Wüste. Im Norden des Sperrgebiets gibt es sogar Wildpferde, die von ausgebüxten Reitpferden abstammen. Und vereinzelt haben verlassene Gebäude in den Geisterstädten neue Bewohner gefunden: Hier hat sich die Braune Hyäne häuslich eingerichtet. Sie wird auch Schabrackenhyäne oder Strandwolf genannt und ist ein sehr seltener Vertreter ihrer Zunft.

Doch was wurde aus August Strauch, Sönke Nissen und Zacharias Lewala, den Pionieren des namibischen Diamantenbooms? Strauch und Nissen erlangten sehr schnell ein mehrfaches Millionenvermögen. Nissen kehrte 1909 nach Deutschland zurück und lebte bis zu seinem Tod im Jahr 1923 auf einem Gut östlich von Hamburg, wo er verschiedene Projekte förderte, unter anderem im Deichbau in Nordfriesland. Sieben Höfe, deren Land durch diese Eindeichung dem Meer abgerungen wurde, gehören seinen Nachkommen und sind nach Bahnhöfen an der Strecke Lüderitz-Keetmanshoop benannt.

August Strauch investierte in zahlreiche Unternehmen aus den verschiedensten Wirtschaftsfeldern. Er verlor sein Vermögen 1931 infolge der Weltwirtschaftskrise und starb 1947 verarmt in Eisenach. Allerdings hinterließ er zwei Farmen in Namibia, die noch heute im Besitz seiner Nachkommen sind.

Was aus Zacharias Lewala wurde, ist hingegen ungewiss. Nur so viel ist sicher: Niemand bezahlte ihn für seinen Pionierfund, niemand ließ ihn am darauffolgenden Geldsegen teilhaben. Als einziger Beteiligter hat er von den Erträgen des großen Diamantenrauschs nicht den geringsten Krumen abbekommen.

Potjiekos mit Gulasch und Pilzen

Zutaten für 4 Personen:

800 g Gulasch (Antilope, Wild oder Rind)
600 g Pilze (Termitenpilze, alternativ Champignons)
400 g Möhren
300 ml Rotwein
400 ml Gemüsebrühe
2 Zwiebeln
20 g Butter
½ Bd. Blattpetersilie
3 El Johannisbeergelee
3 El Crème fraîche
2 El Mehl
3 Lorbeerblätter
4 Gewürznelken
4 Wacholderbeeren
4 Pimentkörner
Sonnenblumenöl
Pfeffer
Salz

Zubereitung:

Das Fleisch in eine Schüssel geben, mit dem Rotwein übergießen, Lorbeerblätter, Wacholderbeeren und Piment hinzugeben, abdecken und über Nacht im Kühlschrank marinieren. Möhren und Pilze putzen und in Scheiben schneiden, die Zwiebeln schälen und würfeln. Das Fleisch aus der Marinade nehmen und trocken tupfen, die Marinade aufbewahren.

In einem Topf einen Schuss Sonnenblumenöl erhitzen und das Fleisch ringsum scharf anbraten. Die Möhren und die Zwiebeln hinzugeben und mit anbraten, dabei mit dem Mehl bestäuben. Mit der Gemüsebrühe ablöschen, dann die Marinade hinzugießen. Pfeffern, salzen und kurz aufkochen, dann zudecken und bei mittlerer Hitze 2 Stunden köcheln lassen, ab und zu umrühren. Anschließend die Pilze hinzugeben und 10 Minuten bei offenem Deckel mitköcheln lassen, gelegentlich rühren.

In der Zwischenzeit die Petersilienblättchen abzupfen und hacken. Nun Crème fraîche, Butter und Johannisbeergelee in den Topf geben, gut verrühren und noch einmal mit Salz und

Pfeffer abschmecken. 5 Minuten weiterköcheln lassen, dann vom Herd nehmen, die Petersilie unterrühren und servieren.

Dazu passen knuspriges Weißbrot, Reis oder Spätzle.

Dies ist eine der mannigfaltigen Rezeptvariationen für die traditionelle Potjiekos (Afrikaans: potjie – kleiner Topf, kos – Kost), die in einem dreibeinigen Topf aus Gusseisen direkt über dem Lagerfeuer zubereitet wurde.

Auf der Suche nach Extremen – Rekorde, Entdeckungen und der Weg zur Leistungsgrenze

Alles was mit Steinen, Fossilien und den Besonderheiten der Erdgestalt zu tun hat, fasziniert mich ganz besonders. Ich habe nämlich vor langer Zeit mal Geologie studiert. Namibia ist für mich insofern ein Eldorado. Denn es hat für alle Fans der Geowissenschaften neben Diamanten oder der ältesten Wüste der Welt noch so einiges mehr zu bieten.

Im Norden des Landes, unweit der kleinen Stadt Grootfontein im Otavi-Bergland, haben wir zum Beispiel den Hoba-Meteoriten besucht. Mit einem Gewicht von etwa 60 Tonnen ist er der größte Meteorit, der bisher in einem Stück auf der Erde entdeckt wurde. Zu mehr als 80 Prozent besteht er aus Eisen und präsentiert sich als mächtiger Quader mit einer Seitenlänge von 2,70 Metern. Als er vor rund 80.000 Jahren einschlug, muss es eine gewaltige Explosion gegeben haben. Doch davon ist nichts mehr zu erahnen, die Erosion hat den Krater eingeebnet. Ein Farmer entdeckte den Weltraum-Monolithen 1920 beim Pflügen, ließ ihn freilegen und untersuchen, später wurde ein kleines Amphitheater darum herumgebaut. Heute ist der Hoba-Meteorit ein nationales Denkmal, das von jedem Besucher ehrfurchtsvoll bestaunt wird.

Ganz in der Nähe findet man außerdem das Drachenhauchloch, eine gewaltige Höhle, in der sich 66 Meter unter der Erdoberfläche der größte bekannte unterirdische See verbirgt. Er bedeckt eine Fläche von mehr als zweieinhalb Hektar bei einer Wassertiefe von 84 Metern. Manchmal strömt dampfige Luft aus dem Eingang der Höhle, das trug ihr den mystisch klingenden Namen ein.

Doch auch im Süden Namibias, bei Keetmanshoop, gibt es einen Ort von großem erdgeschichtlichen Interesse. Denn hier existiert eine bemerkenswerte Fundstelle von versteinerten Mesosaurus-Reptilien. Eigentlich wirkt der Mesosaurus ziemlich unspektakulär. Vergleicht man ihn mit den Sauriergiganten, die unsere Erde einst bevölkerten, dann scheint er kaum der Rede wert zu sein. Denn die fossilen Überreste, die man gefunden hat, weisen im Durchschnitt eine Körperlänge von nicht mehr als 40 Zentimetern auf. Und erinnern dabei an ein Minikrokodil mit ziemlich schmalem Schädel. Der kleine Räuber lebte im Erdzeitalter des Perms, das liegt schon an die 290 Millionen Jahre zurück. Warum sollte man sich ausgerechnet für ihn interessieren?

An der Fundstelle bei Keetmanshoop werden fossile Mesosaurier gezeigt, die dort beim Bau einer Straße entdeckt wurden. Dass dies durchaus bemerkenswert ist, verdanken wir Alfred Wegener. Solche Mesosaurierskelette tauchten nämlich nicht nur im südlichen Afrika, sondern auch tief im Süden von Südamerika auf. Das brachte Wegener auf die Idee, dass beide Kontinente einst verbunden gewesen sein mussten. Daraus entwickelter er seine Theorie vom Kontinentaldrift, die er in einem 1915 in Braunschweig erschienenen Buch erstmals vorstellte. Trotzdem sollte es noch 50 Jahre dauern, bis seine Erkenntnisse offiziell anerkannt wurden. Die Mesosaurier-Fundstelle bei Keetmanshoop ist also vor allem eine Pilgerstätte für diejenigen, die einen Meilenstein auf dem Weg der Evolution menschlichen Wissens würdigen wollen.

Und wenn man schon einmal dort ist, sollte man auch den nahen Köcherbaumwald auf der Farm Garas besuchen, der mit 5.000 Exemplaren vermutlich der Größte seiner Art ist. Von einem Wald im eigentlichen Sinne kann dabei nicht wirklich die Rede sein, denn die Pflanzen stehen ziemlich weit verstreut im offenen Gelände herum. Doch die Ansammlung so vieler Köcherbäume stellt eine Besonderheit dar, in der Regel trifft man sie nur als Einzelexemplare an.

Eigentlich sind es auch gar keine Bäume, sondern Affodillgewächse, die zur Gattung der Aloe gehören. Sie werden in der Regel nicht höher als sechs, maximal neun Meter, und erreichen ein Alter von 300 Jahren. Dabei wachsen sie mit dickem, nach oben konisch verjüngtem Stamm, dem eine Krone in Form einer Halbkugel entsprießt. Die spitz zulaufenden Blätter öffnen sich rosettenförmig an den Zweigen, besonders wenn im Juni und Juli die gelben Blüten wie Kerzen daraus hervorragen, sieht der Pseudobaum ausgesprochen attraktiv aus. Ein Kolonialbeamter, der dieses Gewächs 1685 zum ersten Mal schriftlich erwähnte, notierte, dass die San aus seinen Zweigen Köcher für ihre Pfeile herstellten. Deshalb taufte er die Pflanze auf ihren noch heute gültigen Namen.

Ganz in der Nähe gibt es auf dem Gelände der Farm Gariganus noch einen weiteren, wenn auch mit etwa 300 Exemplaren nicht ganz so großen Köcherbaumwald. Dieser gilt als nationales Denkmal, zumal sich an ihn eine bizarre Felslandschaft anschließt. Das Doloritgestein ist durch eckige Wollsackverwitterung zu den merkwürdigsten Gebilden geformt worden, die wie von Riesenhand aufgetürmt wirken. Man nennt das Gelände deshalb „Spielplatz der Riesen".

Aber der Süden Namibias hat ein noch weitaus größeres Naturwunder zu bieten, größer im wahrsten Sinne des Wortes. Denn der Fischfluss, ein Nebenfluss des Oranje, hat hier ein spektakuläres Relief in die Erdkruste gefräst. Sein Canyon ist mit bis zu 550 Metern Tiefe, einer mancherorts 27 Kilometer betragenden Breite und rund 160 Kilometern Länge nach dem amerikanischen Grand Canyon der zweitgrößte Canyon der Welt. Dem kann er noch einen weiteren Superlativ hinzufügen, denn an seinem Grund wurden schon Temperaturen von mehr als 50 Grad Celsius gemessen.

Der Fischfluss, der im Osten des Naukluft-Gebirges entspringt, ist mit 650 Kilometern Länge der längste Fluss Namibias. Auch er ist ein Rivier, aber eigentlich ein recht segensreiches. Denn zumindest in der Regenzeit führt der Fischfluss ziemlich zuverlässig Wasser. Mit welcher Gewalt seine Springfluten dabei durchs Bett jagen können, veranschaulicht der Canyon überdeutlich, auch wenn das Aufreißen einer Erdspalte zu dessen Bildung nicht ganz unwesentlich beigetragen hat.

Doch heute ist der Fischfluss in seinem Unterlauf gezähmt. Bei Mariental, auf halbem Weg zwischen Keetmanshoop und Windhoek, hat man ihn aufgestaut, um die Region mit Wasser zu versorgen. Seine Fluten sind seitdem reguliert, seine Möglichkeiten, den Canyon weiter auszuwaschen, nur noch sehr beschränkt. Auch die Vegetation im Rivier leidet unter der verminderten Wasserzufuhr. Nichtsdestotrotz finden sich in seinem Bett noch rund ums Jahr Kolke und Tümpel, die vom hohen Grundwasserstand gespeist werden und die wichtigste Lebensgrundlage für die Antilopen, Zebras, Erdhörnchen, Wildpferde und Leoparden darstellen, die im Canyon beheimatet sind. Außerdem leben Welse, Karpfen und Barsche in diesen Wasserstellen, und mehr als 60 Vogelarten dienen sie als Tränke.

Der größte Teil des Canyons gehört zum |Ai-|Ais-Richtersveld-Transfrontier-Park, der sich länderübergreifend zwischen Namibia und Südafrika erstreckt. |Ai-|Ais – auch hier stehen die Striche wieder für Klänge der Klicklautsprache – markiert das südliche Ende des Fischfluss-Canyons und ist dank seiner mineralreichen Thermalquellen bekannt. Sie strömen hier mit Temperaturen von 60 Grad Celsius an die Oberfläche, was bei der sommerlichen Gluthitze nicht unbedingt erquicklich sein mag.

Nördlich schließen sich private Naturschutzgebiete wie der Canyon Nature Park, die Vogelstrausskluft oder der Gondwana Canyon Park an. Sie alle offerieren in ihren Lodges auch Unterkünfte für Touristen. Dem staatlichen, zu einem wesentlichen Teil aber auch diesem privaten Engagement ist es zu verdanken, dass sich die Bestände der Wildtiere in der gesamten Region nach jahrzehntelanger Überweidung und intensiver Jagd inzwischen beträchtlich erholen konnten.

Von verschiedenen Aussichtspunkten kann man fantastische Panoramablicke über den Canyon genießen. Mit die spektakulärsten befinden sich zehn Kilometer hinter der beim Restcamp Hobas gelegenen Zufahrt in den Nationalpark. Von dort überblickt man den sogenannten „Höllenbogen“, eine ansehnliche Schleife des Fischflusses in dramatischer Tiefe.

Ohne offizielle Erlaubnis in den Canyon hinabzusteigen, ist allerdings strengstens verboten. Nicht nur der Abstieg selbst ist äußerst strapaziös und heikel, auch die extreme Hitze, der Mangel an Wasser und das nicht zu unterschätzende Risiko, die Orientierung zu verlieren, lassen leichtsinnige Ausflügler allzu schnell in Lebensgefahr geraten. Zwar führt ein unbefestigter Trail am Grund des Canyons entlang, doch es gibt auf der ganzen etwa 86 Kilometer langen Strecke nur zwei Möglichkeiten zum Notausstieg. Und selbstredend existieren hier weder ein Mobilfunknetz noch irgendwelche Servicestationen wie Hütten oder sanitäre Anlagen. Wer an den steilen Abhängen oder auf dem mit Geröll übersäten

Untergrund verunglückt, der ist vollkommen auf die Hilfe eines Begleiters angewiesen. Sollte ein Rettungshubschrauber benötigt werden, so muss der aus dem 550 Kilometer entfernten Windhoek herbeigerufen werden. Da kann man sich leicht vorstellen, welche Kosten das verursacht.

Doch allen Erschwernissen zum Trotz gibt es Leute, die sich hinab auf den Fish-River-Hiking-Trail begeben. Es sollen sogar immer mehr harte Jungs und Mädels sein, die dieses Abenteuer wagen. Die Nachfrage, so heißt es, steigt ständig. Mein Freund Jörn ist einer derjenigen, die sich auf die verwegene Tour begeben haben. Ich kenne Jörn schon seit vielen Jahren, ihm ist keine Eskapade zu viel. Er ist allein mit dem Motorrad durch Vietnam gecruist, hat Kolumbien auf eigene Faust durchwandert und nun also auch noch den Fischfluss-Canyon durchquert.

Für das Erteilen seines Permits ließ sich die Nationalparkbehörde recht lange Zeit. Jörn musste eine geringe Gebühr entrichten, vor allem aber ein ärztliches Attest vorlegen, das ihm die nötige Fitness bescheinigte. Zudem ist solch eine Exkursion nur während der Wintermonate erlaubt, weil die extremen Sommertemperaturen unerträgliche Strapazen verursachen würden. Das Rivier könnte im Übrigen während der Regenzeit auch noch mit einer plötzlichen Flutwelle abkommen.

Maximal 40 Trekking-Fans dürfen sich gleichzeitig an den Abstieg begeben, dies in Begleitung eines erfahrenden Führers zu tun, ist dringend geboten. Die Strecke ist nämlich unmarkiert, wer sich nicht auskennt, kann leicht auf Abwege geraten. Zumindest an diese Vorsichtsmaßnahme hat Jörn sich gehalten. Zusammen mit einem Guide und sechs anderen Wagemutigen hat er sich in den Abgrund begeben.

„Alles, was wir brauchten, mussten wir selbst mitnehmen“, erzählt er. „Ich habe also Nudeln, Reis, Müsli, Trockenfrüchte,

Traubenzucker und jede Menge Energieriegel eingepackt. Dazu einen Campingkocher mit Topf, einen Schlafsack und Chlortabletten, um das Wasser zu desinfizieren. Denn wir konnten nicht auch noch Wasserflaschen mitschleppen, mein Rucksack wog so schon mehr als 15 Kilo", seufzt er. „Das war ganz schön heftig, denn wir mussten streckenweise damit über fußballgroßes Geröll balancieren."

Die Tagesetappen betrugen mehr als 20 Kilometer, am Ende des vierten Tages würde die Herausforderung also bewältigt sein. Weil die Tagestemperaturen im Winter nicht über die 25-Grad-Marke steigen, klingt das eigentlich ganz gut machbar. „Aber dass es so hart werden wurde, habe ich dann doch nicht gedacht. Und mit derart grässlicher Kälte hatte ich auch nicht gerechnet", gibt Jörn zu. Denn nachts stürzt die Temperatur auf unter fünf Grad. „Ich hatte einen dicken Thermoschlafsack mitgenommen, trotzdem hab' ich elendig gefroren. Aber ich hätte ja unmöglich auch noch ein Zelt mitschleppen können!"

Zu Anfang war die kleine Gruppe noch frohen Mutes. Und das, obwohl der Abstieg sich keineswegs als Spaziergang entpuppte. Zwar half eine Eisenkette, an der sie sich auf dem ersten steilen Stück entlanghangeln konnten. Doch dann ging es über rutschigen Schotter und allerhand Geröll, über kantige Felsblöcke und durch dorniges Gestrüpp weiter hinab in die Tiefe. „Unten haben wir uns erst einmal umgeschaut und gestaunt", fährt Jörn fort, und seine Augen leuchten bei der Erinnerung auf. „Der Fluss zog sich als schlankes blaues Band durch den pudrig feinen Sand am Grund des Canyons, umring von turmhohen Felsbrocken. Zartgelbe Blümchen bildeten Teppiche, als hätte ein Magier sie dort hingezaubert, und die Vögel zwitscherten. Es war geradezu eine Idylle des Friedens! Die schroff aufragenden Flanken der Schlucht spiegelten sich im Wasser der Teiche unter dem makellosen Blau des Himmels. Das war so unwirklich schön, wie ein psychedelisches Traumbild! Da ahnte ich noch nicht, dass ich mich später wie in einem Albtraum fühlen würde." Lachend fügt er hinzu: „So ähnlich stelle ich mir einen LSD-Trip vor, aus dem man nicht mehr herausfindet", und zwinkert dabei belustigt. Ganz so schlimm kann es wohl doch nicht gewesen sein.

„Eine gemütliche Wanderung ist das nicht." Jörn schaut nun wieder ziemlich ernst. „Denn es gibt ja keinen richtigen Weg. Mal stapft man über feinen Sand und sinkt ständig darin ein. Obwohl ich knöchelhohe Wanderstiefel trug, füllten die sich alsbald mit dem Zeug, was das Gehen noch mühsamer machte." Dann wiederum mussten sie über mächtige Felsen oder endlose Geröllfelder klettern. „Irgendwann waren wir so erschöpft, dass wir nur noch mit hängender Zunge dumpf vor uns hingestapft sind. Zum Trost warteten dann am Ende der Tagesetappe nur brackiges Flusswasser und das ewig gleiche Essen, das uns nur allzu schnell zum Hals heraushing. Und zu allem Überfluss kam schließlich auch noch die durchfrorene Nacht!"

Doch natürlich hielt der Canyon auch noch Erfreulicheres für sie bereit. Tagelang ist ihnen keine Menschenseele begegnet. Dafür haben sie Bergzebras, Wildpferde und Antilopen gesehen, dazu allerhand kleineres Getier, das sich zwischen Sand und Felsen tummelte. Nur der scheue Leopard zeigte sich ihnen nicht, obwohl sie manchmal seine Nähe zu spüren meinten. Doch eine solche Sichtung gelingt nur äußerst selten.

„Das Beste war der Sternenhimmel. Vollständig übersät mit unzähligen Glitzerpünktchen, ein geradezu magisches Leuchten. Die Milchstraße schien zum Greifen nahe", schließt Jörn seinen Bericht, und seine Augen beginnen wieder zu glänzen. „Auf der Trekkingtour kam ich mir vor, als sei ich auf einem ganz anderen Planeten unterwegs. Ein unvergleichliches Gefühl. Und deshalb alle Entbehrungen wert!"

Flussbarsch namibisch

Zutaten für 4 Personen:

1 Flussbarsch (küchenfertig, ca. 1,5 kg)
2 unbehandelte Zitronen
50 g Butter
16 Cocktailtomaten
2 Frühlingszwiebeln
100 ml Weißwein
4 Stängel frischer Koriander
2 Knoblauchzehen
Olivenöl
Salz
Pfeffer

Zubereitung:

Eine Zitrone auspressen, die andere waschen und mit der Schale in Scheiben schneiden. Die Korianderblättchen abzupfen und grob hacken, die Tomaten waschen und vierteln, die Frühlingszwiebel putzen und in Röllchen schneiden. Die Knoblauchzehen häuten und in mehrere Stücke schneiden. Den Barsch innen und außen waschen, dann trocken tupfen.

Eine Auflaufform, in die der Fisch hineinpasst, mit Olivenöl auspinseln. Den Fisch innen und außen salzen und pfeffern. Den Knoblauch, 4 Zitronenscheiben und je ein Viertel der Tomaten, der Frühlingszwiebeln und des Korianders in das Innere des Fischs füllen und den Fisch in die Auflaufform legen. Die Butter in Flöckchen auf der Oberseite des Fischs verteilen, die restlichen Zitronenscheiben darauflegen, die verbliebenen Tomaten und Frühlingszwiebeln um den Fisch herum verteilen. Zitronensaft und Weißwein hinzugießen.

Im auf 200°C vorgeheizten Backofen 40 Minuten lang backen, dabei ab und zu mit der Flüssigkeit aus der Auflaufform übergießen. Vor dem Servieren mit dem restlichen Koriander bestreuen.

Dazu Reis oder knuspriges Weißbrot sowie grünen Salat mit einem Essig-Öl-Dressing reichen.

Sicherlich haben Sie sich schon gewundert, wie so europäisch-vertraute Fische wie Barsche und Karpfen in einen namibischen Fluss gelangen. Tatsächlich sind die Tiere schon zur Kolonialzeit dort eingeführt und ausgesetzt worden.

Bei den Welsen handelt es sich um den Afrikanischen Wels, der bis zu 1,70 Meter lang werden kann. Die Tiere sind so gut an die trockenen Bedingungen angepasst, dass sie längere Zeit ohne Wasser überleben können, indem sie Luft durch ihr Maul atmen. Auf diese Weise können sie in Rivieren im ausgetrockneten Schlamm der Kolke überleben.

Windhoek – Stadt der Gegensätze

Keine Reise nach Namibia ohne einen Besuch in der Hauptstadt Windhoek! Das findet seinen Grund schon allein darin, dass die meisten internationalen Flüge auf Hosea Kutako starten und landen. Dieser Flughafen ist allerdings etwa 40 Kilometer von Windhoek entfernt, denn die Stadt selbst liegt in einem Talkessel, was nur Raum für einen kleinen Binnenflughafen lässt. Sie befindet sich in rund 1.700 Metern Höhe und ist von bis zu 300 Meter höheren Bergketten umgeben.

Unsere Tour durch Windhoek beginnt an einem sonnigen Morgen vor der Christuskirche, einem Wahrzeichen der Stadt. Aus ockerfarbenem Sandstein gebaut, mit weiß umrandeten Fenstern und dem ebenfalls weiß abgesetzten roten Dach hebt sie sich ausgesprochen attraktiv vor dem intensiv blauen Himmel ab. Sie wurde 1910 fertiggestellt und beherbergt die evangelisch-lutherische Gemeinde von Windhoek. Sitz des römisch-katholischen Erzbischofs ist hingegen die 800 Meter entfernte St.-Marien-Kathedrale, die bereits zwei Jahre vorher errichtet wurde.

Beide Kirchen sind also während der deutschen Kolonialzeit entstanden. Sie sind steinerne Zeugen der äußerst erfolgreichen Missionierung, die bewirkt hat, dass sich heute rund 87 Prozent der Namibier zum Christentum bekennen, allein die Hälfte davon zur Lutherischen Kirche.

Die hübsche Christuskirche ist im neoromanischen Stil erbaut. Sie ist nicht besonders groß, ihr schlanker Turm überragt das Kirchenschiff mit 24 Metern Höhe. Wie eine Insel ist der Kirchplatz von verkehrsreichen Fahrbahnen umringt, die Straßenseite zu wechseln, ist schon ein bisschen abenteuerlich. Wir kommen aber nicht darum herum, denn wir möchten auch einen Blick auf den Tintenpalast werfen, der auf der anderen Seite der breiten Straße liegt. Er verdankt seinen Namen der vielen Tinte, die hier verbraucht wurde, denn der Tintenpalast stellte einst den Sitz der deutschen Kolonialverwaltung dar. Entsprechend präsentiert er sich im typischen wilhelminischen Kolonialstil. Heute beherbergt er das Unterhaus des namibischen Parlaments. Deutlich reizvoller als der Palast selbst ist der üppige Park, der ihn umgibt. Voller hoher Palmen und sattgrüner Bäume, blühender Sträucher und saftig grüner Rasenflächen lässt er völlig vergessen, dass man sich inmitten eines staubtrockenen Wüstenlandes befindet. Wenn auch recht klein, so ist er doch die grüne Lunge von Windhoek und stellt ein beliebtes Refugium für dessen erholungssuchende Einwohner dar.

Auf der anderen Seite der Kirche ragt unübersehbar ein neueres Wahrzeichen der Stadt empor und bildet zusammen mit Kirche und Tintenpalast ein recht gewöhnungsbedürftiges Ensemble. Es ist das 2011 fertiggestellte Unabhängigkeits-Gedenkmuseum, ein 40 Meter hoher Klotz, dessen kubischer Korpus wie ein Triumphbogen den mittig hängenden Zylinder umrahmt. „Hässlich“, schimpft Jered, unser Guide. „Sieht aus wie eine Kaffeemaschine!“ Und damit muss ich ihm recht geben.

Tatsächlich ist das Nationalmuseum bei der Bevölkerung sehr umstritten und löste heftige Kontroversen aus. Das liegt nicht nur daran, dass es ausgerechnet von einem nordkoreanischen Bauunternehmen geplant und errichtet wurde. Im Hinblick auf die hohe Arbeitslosigkeit hätte sie besser inländische Firmen beauftragen sollen, wird der Regierung vorgeworfen. Außerdem erfolgte die Planung ohne Einbeziehung der Windhoeker. Am Standort des Museums befand sich zuvor ein Reiterdenkmal aus der Kolonialzeit, es zeigt einen bewaffneten Kavalleristen der Schutztruppe und entstand zur Erinnerung an den Krieg gegen die Herero und die Nama. Obwohl es damit die gewaltsame Unterdrückung der einheimischen Bevölkerung und die zahllosen Tötungen symbolisiert, wollte eine deutliche Mehrheit auch der Schwarzen das inzwischen liebgewonnene Monument am ursprunglichen Ort erhalten. Den Protesten verdankt das Reiterstandbild, dass es zumindest nicht wie ursprünglich geplant der Zerstörung anheimfiel. Nach zweimaligem Umzug steht es nun im Hof der Alten Feste.

Diese Alte Feste liegt heute im Schatten des klobigen Unabhängigkeits Gedenkmuseums, sie duckt sich fast verschämt hinter dessen Südseite. Dabei gilt sie als das älteste Gebäude von Windhoek, sie entstand ab 1890 als Festung der deutschen Kolonialherren. Weil sie jedoch aus ungebrannten Lehmziegeln erbaut wurde, sind ständige Reparaturarbeiten erforderlich, zur Zeit unseres Besuchs ist sie aus diesem Grund auf unabsehbare Zeit geschlossen.

Doch als sie damals errichtet wurde, musste es vor allem schnell gehen. Windhoek liegt ziemlich genau in der Mitte des Landes, deshalb wählte es die Schutztruppe als zentrale Station, um eventuelle weitere Aufstände der einheimischen Bevölkerung effektiv abwehren zu können. Den Ort Windhoek gab es schon, bevor die Deutschen in Südwestafrika eindrangen, allerdings existierte von der früheren Siedlung nicht mehr allzu viel. Um 1850 hatten sich hier einige Orlam niedergelassen, das sind Nachkommen, die aus Verbindungen holländischer Buren mit

Arbeiterinnen aus dem Volk der Nama hervorgegangen sind. Diese in der damaligen Gesellschaft Südafrikas unwillkommenen Menschen wählten die Talsenke von Windhoek, weil dem dortigen Boden einige heiße Quellen entspringen, was die Wasserversorgung sicherstellte. Die Orlam gaben der späteren Stadt auch ihren Namen. Denn „Windhoek“ stammt aus dem Afrikaans und bedeutet so viel wie „windige Ecke“, während der deutschen Kolonialzeit galt später, wie schon erwähnt, vorübergehend die Schreibweise „Windhuk“.

Schon bald gesellten sich auch ein paar Buren zu den neuen Siedlern in der windigen Ecke, es entstand eine Kirche, die bescheidene Ortschaft wuchs allmählich zur Stadt heran. Doch schon zwanzig Jahre später fiel ganz Windhoek einem Scharmützel zwischen Gruppen der Herero und der Nama zum Opfer und wurde dem Erdboden gleichgemacht.

Als die Wahl der Deutschen auf das verlassene Windhoek als Verwaltungssitz ihrer Kolonie fiel, entwickelte sich der Ort zunächst schleppend. Von Anfang an trug man aber dafür Sorge, dass die Siedlungsgebiete der schwarzen und der weißen Bevölkerung strikt voneinander getrennt blieben. Den Schwarzen wurden spezielle Bezirke zugewiesen, in denen sie ihre „Werften“ errichten durften, so nennt man die traditionellen Wohnstätten einheimischer Gruppen. Auch unter der südafrikanischen Verwaltung blieb es bei dieser rigorosen Rassentrennung. Dumm war nur, dass die Stadt nun unaufhaltsam zu wachsen begann und die weiße Elite ein Auge auf die zentral gelegenen Werften der Schwarzen warf. Deshalb wurden neue Vorstädte geplant, die Menschen sollten dorthin umquartiert werden. Allerdings machten die Verantwortlichen dabei ihre Rechnung ohne den Wirt. Die Schwarzen wollten sich nämlich keinesfalls so einfach fortschicken lassen, als seien sie nichts als eine Herde von Schäfchen. Sie fühlten sich mit ihren Stadtteilen verbunden und begannen, sich gegen die Zwangsumsiedlung zur Wehr zu setzen.

Das führte 1959 zu heftigen Unruhen im schwarzen Wohngebiet Alte Werft. Die Polizei besetzte das Viertel, es gab Tote und zahllose Verletzte. Mit unerbittlicher Härte verfügte die Mandatsregierung, dass verletzten Demonstranten keinerlei medizinische Hilfe zuteilwerden dürfe. Das Rote Kreuz des Landes verweigerte deren Versorgung mit Blutkonserven. Damit war der Bogen jedoch endgültig überspannt. Der entschiedene Wille, die Fremdherrschaft endlich abzuschütteln, führte in der Folge dieser Ereignisse zur Gründung der Befreiungsbewegung SWAPO, aus der später die politische Partei hervorging, die bis heute mit deutlichen Mehrheiten die Wahlen in Namibia für sich entscheiden kann.

Doch damals wurden die Schwarzen gewaltsam in die Townships am Stadtrand verdrängt, die noch heute wie allerorts fast ausschließlich von Schwarzen bewohnt werden. In Windhoek ist das zum einen Kohmasdal im Nordwesten der Stadt mit etwa 36.000 Einwohnern. Und zum anderen das nördlich davon gelegene Katutura, wo fast 70.000 Menschen leben.

Ganz Windhoek hat übrigens rund 400.000 Einwohner, die Angaben schwanken allerdings, zumal Windhoek seit einigen Jahren ziemlich schnell wächst. Die Elite residiert in Windhoek-Luxushügel (der Stadtteil heißt tatsächlich so), seinerseits überragt von den Stadtschlössern Heinitzburg, Sanderburg und Schwerinsburg, allesamt während der Kolonialzeit vom deutschen Architekten Wilhelm Sander erbaut. Wie viele Bewohner der Stadtteil Luxushügel hat, ist mir nicht bekannt, die Einwohnerdichte dürfte aber verglichen mit den Townships verschwindend gering sein. In Katutura leben fast 10.000 Menschen auf einem einzigen Quadratkilometer.

Wir sind zunächst durch die Innenstadt gefahren, deren Einkaufsstraßen sich kaum von denen westlicher Städte unterscheiden. Auch in Windhoek fallen vielfach deutsche Straßennamen ins Auge, wobei hier ebenfalls zahlreiche Umbenennungen stattfanden und weiterhin Straßen neue Namen nach namibischen und anderen Unabhängigkeitskämpfern erhalten. Aus der „Kaiserstraße" wurde die „Independence Avenue", von dieser zweigt die „Fidel-Castro-Street" ab, die im weiteren Verlauf auf die „Bismarckstraße" trifft. Windhoek bietet etliche deutsch geprägte Läden und Gastronomiebetriebe, wobei das Angebot insgesamt recht kosmopolitisch ist, sodass hier jeder auf seine Kosten kommt. In der Post-Mall-Street, deren Eingang ein auffälliger Uhrturm markiert, pulsiert das Leben in Cafés, Kneipen und Restaurants, während Straßenverkäufer rund um den Meteoritenbrunnen allerhand Kunsthandwerk feilbieten. Dieser Brunnen ist mit Bruchstücken des Gibeon-Meteoriten geschmückt, einem gigantischen Eisenbrocken, der beim Eintritt in die Erdatmosphäre auseinanderplatzte und seine Bruchstücke im größten bekannten Meteoritenstreufeld unserer Welt verteilte. Dieses befindet sich etwa 300 Kilometer südlich von Windhoek am Fischfluss, bisher wurden unzählige Bruchstücke geborgen, die zusammen ein Gesamtgewicht von 26 Tonnen auf die Waage bringen.

Wir haben noch den Windhoeker Bahnhof von 1912 besucht, vor dem eine Schmalspurlokomotive steht, die seinerzeit aus Deutschland herbeigeschafft wurde. Doch nun sind wir unterwegs in die Township Katutura. Dort ist das eigentliche Leben nämlich wesentlich authentischer spürbar als in der gestreamlinten Innenstadt von Windhoek.

Über die Independence Avenue geht es nach Katutura hinein, interessanterweise kreuzen wir dabei zunächst die Hans-

Dietrich-Genscher-Street. Der Name Katutura erinnert an die zwangsweise Umsiedlung, er entstammt der Hererosprache Otjiherero und bedeutet „Ort, an dem wir nicht leben möchten". Das mag sich inzwischen geändert haben, denn Katutura wächst geradezu rasant. Dazu tragen die zahlreichen Maßnahmen bei, mit denen die Stadtverwaltung die Lebenssituation in Katutura verbessert, so zum Beispiel durch Strom- und Wasserleitungen, ein Krankenhaus, Schulen und die Müllabfuhr.

Am Rand des Stadtbezirks befindet sich ein modernes Einkaufszentrum, doch daran schließt sich sogleich das Meer aus einfachen Häusern und Wellblechhütten an. Am Straßenrand reihen sich Verkaufsbuden aneinander, sie beherbergen fast ausschließlich Autowerkstätten, Garküchen, Bars und Friseure. Ich habe tatsächlich noch nie so viele Friseurläden auf so engem Raum gesehen! Manche Baracken glotzen scheinbar verwaist in die Hitze des Tages, vor anderen stehen junge Männer herum und trinken irgendetwas. Zwischen den Hütten spielen Kinder, magere Hunde und Hühner wuseln allerorts im Staub herum. Frauen in bunten Gewändern hocken hinter Verkaufstischen voller Plastiklatschen, Klamotten oder Obst. In Katutura herrscht Township-Alltag, und schnell spürt man, dass dazu unabdingbar auch der nackte Kampf ums Überleben gehört.

Ziel unseres Ausflugs nach Katutura ist das Frauenprojekt Penduka. Besonders die Frauen haben es nämlich schwer, Arbeit zu finden und ihr Leben selbstbestimmt zu gestalten. Penduka, zu Deutsch „wach auf", entstand 1992. Mehr als 500 Frauen finden hier inzwischen Arbeit, davon sind 35 fest angestellt. Auch Frauen mit Behinderung oder gesundheitlichen Einschränkungen erhalten hier eine Chance.

Es gibt ein Restaurant und Übernachtungsmöglichkeiten für Touristen, in erster Linie werden aber Keramiken, Glasperlenschmuck und Textilien hergestellt, letztere bunt bedruckt oder kunstvoll bestickt. Die Palette reicht vom Bettüberwurf bis zum Topflappen, die Verkaufserlöse dienen der Finanzierung des Projekts und dem Lebensunterhalt der Frauen. Hier lernen sie die erforderlichen kaufmännischen und handwerklichen Fähigkeiten, um sich später als Kleinunternehmerinnen selbständig machen zu können. Penduka gewährt ihnen zinsfreie Kleinkredite, auch der Führerschein, die Schulgebühren der Kinder, eine kleine Hütte oder ein Studium können mit Darlehen von Penduka finanziert werden.

Außerdem macht sich das Projekt für HIV- und Tuberkulosekranke stark. Beide Krankheiten stellen die größten gesundheitlichen Probleme in Namibia dar, mit HIV ist beinahe jeder Fünfte zwischen 15 und 49 Jahren infiziert. Das macht Namibia zu einem der Länder mit der weltweit höchsten Rate an HIV-Erkrankungen. Dank intensiver Bemühungen ist die Zahl der Neuansteckungen inzwischen glücklicherweise rückläufig.

Penduka liegt idyllisch auf dem Gelände eines früheren Yachtclubs am Ufer des Stausees Goreangab-Damm. Hier ist es friedlich und still, die Frauen wirken zufrieden. Wir werden durch die Werkstätten geführt, im Schatten eines reetgedeckten Dachs kosten wir danach das Perlhirsebier Oshikundu, während eine Gruppe von Frauen in grell-pinken Röcken ein paar Tänze aufführt. Solche inszenierten Auftritte machen mich immer ein bisschen verlegen. Doch die Frauen sind überaus fröhlich und haben ganz offensichtlich einen Riesenspaß an der Sache. „Hier bekommen sie eine Perspektive", sagt die Hererofrau, die uns durch Penduka geführt hat. „Sie schöpfen daraus Hoffnung und sehen zum ersten Mal eine echte Chance, ihrem Leben aus eigener Kraft ein Ziel zu setzen."

Ein Grund mehr, mich nach Ende der Tänze ausgiebig in ihrem Verkaufsladen umzusehen. Denn schöne Stoffbeutel, Tücher oder Topflappen braucht man ja schließlich immer!

Butternutkürbissuppe

Zutaten für 4 Personen:

500 g Fruchtfleisch vom Butternutkürbis
500 ml Gemüsebrühe
300 ml Milch
100 ml Sahne
1 Zwiebel
1 Apfel
1 unbehandelte Orange
3 Stängel Koriander
30 g Butter
1 El Currypulver
1 Tl brauner Zucker
½ Tl geriebene Muskatnuss
Salz
Pfeffer

Zubereitung:

Das Kürbisfleisch in kleine Stücke schneiden (der Kürbis muss gut geschält sein, weil die Schale im Gegensatz zu der des Hokkaido beim Kochen nicht weich wird). Die Orange waschen, 2 El des orangen Anteils der Schale fein abreiben, die Orange auspressen. Den Apfel schälen, entkernen und in kleine Würfel schneiden, die Zwiebel schälen und ebenfalls fein würfeln. Die Korianderblättchen abzupfen und fein hacken.

Die Butter in einem Topf zerlassen und die Zwiebeln darin glasig anbraten. Kürbis und Apfel hinzugeben und unter Rühren kurz mit anbraten. Mit der Gemüsebrühe übergießen, aufkochen, die Milch hinzugeben und das Ganze bei mittlerer Hitze 20-25 Minuten köcheln lassen, bis das Kürbisfleisch zerfallen ist. Nun die Orangenschale, den Saft, das Currypulver, die Muskatnuss sowie den Zucker unterrühren, mit Salz und Pfeffer abschmecken.

Auf Tellern anrichten, jeweils kreisförmig einen dünnen Strahl Sahne daraufträufeln und zum Schluss mit dem Koriander bestreuen.

Sehr gut schmeckt diese Suppe auch mit Kalaharitrüffeln, die in hauchdünne Scheibchen geschnitten, kurz in Butter angeröstet und dann vor dem Servieren auf die Suppe gegeben werden. Den Koriander sollte man in diesem Fall weglassen, weil er das Trüffelaroma überdeckt. Statt Kalaharitrüffeln kann man natürlich auch andere Trüffel verwenden.

Auf der Farm – von der Jagd und den Sorgen des Alltags

„75.000 Hektar", verkündet der Farmer mit sichtlichem Stolz. Er steht vor einer kleinen Mauer am Rand seines grünen Gartens in der Morgensonne, hinter ihm öffnet sich die schier endlose Weite seines Landes. „Das Gebiet hat mein Urgroßvater schon 1895 erworben. Hier wurden dann Simmentaler Rinder eingeführt, es war die erste Herde dieser Rasse außerhalb von Europa. Heute haben wir 450 Tiere." Erstaunt lasse ich meinen Blick über die staubige Landschaft schweifen. Außer trockenem Gebüsch und dürren Bäumen sehe ich nicht allzu viel. Mal abgesehen von den Giraffen, die jetzt, in den frühen Morgenstunden, zur nahen Futterstelle gekommen sind.

„Und wovon leben die Tiere hier?", frage ich schließlich. Auf der Stirn des Farmers bilden sich steile Sorgenfalten. „Wir müssen zufüttern. Die Dürre in Namibia ist in den letzten Jahren immer schlimmer geworden. Man spricht sogar schon von einer Jahrhundertdürre", seufzt er. „Bauen Sie das Futter denn selbst an?", will ich wissen. Meine unbedarfte Frage entlockt ihm ein bitteres Lachen. „Nein, hier kann man nichts anbauen. Alles Futter muss importiert werden."

Und das ist teuer. Die Viehhaltung auf den Farmen Namibias ist im Lauf der Jahrzehnte immer schwieriger geworden. 30 bis 35 Hektar benötigt ein einziges Rind, um genug Nahrung finden zu können, ohne dass die Gefahr einer Überweidung besteht. Doch die bereits erwähnte Verbuschung drängt das Gras ständig weiter zurück. Das dornige Gestrüpp entzieht dem Boden auch noch die letzte spärliche Feuchtigkeit. Und je mehr Flächen damit zuwachsen, desto schwieriger wird es für das Vieh, noch hindurchzudringen. Die Beseitigung der Büsche auf den riesigen Ländereien ist sehr aufwendig, die meisten Farmer kapitulieren deshalb vor der Aufgabe. Müßig, noch einmal darauf hinzuweisen, dass die ursprüngliche Ursache dieser Verbuschung in der Umzäunung der Ländereien und der Überweidung durch das Nutzvieh zu finden ist.

Etwa 4.000 namibische Farmen sind den Händen von Weißen, gemeinsam machen sie mehr als 80 Prozent des kommerziell genutzten Farmlands aus. Ein Drittel dieser Farmen gehört den Nachfahren deutscher Kolonialisten, der Rest ist im Besitz von Buren aus Südafrika. Ungerecht erscheint es, dass das gesamte Farmland in den Händen weniger Eigentümer ist, während die meisten Namibier keinerlei Rechte an Grund und Boden besitzen. Seit der Staatsgründung bemüht sich die Regierung um eine Landreform, kommt aber nur äußerst schleppend voran. Die Diskussion ist von großen Emotionen getragen, auf der einen Seite stehen diejenigen, die sich des Landes ihrer Vorväter beraubt sehen, auf der anderen die Farmbesitzer, die weder ihr Land hergeben wollen noch den anderen eine sinnvolle Nutzung von Grund und Boden zutrauen. Als abschreckendes Beispiel wird Simbabwe angeführt, wo die Vertreibung der weißen Farmer unter Robert Mugabe zum Zusammenbruch des gesamten Agrarsektors führte. Allerdings wurden die Grundflächen dort auch nicht an die schwarzen Landarbeiter vergeben, sondern großzügig unter den Angehörigen der Sippe des Diktators verteilt.

Will ein Farmer in Namibia sein Land verkaufen, so muss er es zunächst der Regierung anbieten. Für dieses Land können sich dann Käufer bewerben. Bei der Landkonferenz im Oktober 2018 wurde zudem beschlossen, dass die Größe der Farmen zukünftig reguliert werden soll, dass niemand mehr als eine Farm besitzen darf und dauerhaft abwesende Farmer gegen eine angemessene Entschädigung enteignet werden können. Menschen, deren Vorfahren ihr Land während der Kolonialzeit verloren haben, sollen bei der Neuvergabe von Land bevorzugt werden. Doch ob diese Maßnahmen tatsächlich greifen und für mehr Zufriedenheit unter den Namibiern sorgen können, muss die Zukunft zeigen.

Im zentralen Binnenhochland werden hauptsächlich Rinder gehalten, im noch trockeneren Süden des Landes hingegen Schafe und Ziegen. Einige wenige Farmen sind Gestüte, andere haben sich auf Strauße spezialisiert. Das meiste in Namibia produzierte Fleisch wird vakuumverpackt oder eingefroren und nach Südafrika sowie in die EU exportiert. Doch es wird immer schwieriger, von den Einkünften zu leben.

Um die Viehtränken versorgen zu können, muss das Grundwasser angebohrt werden. Dazu gibt es spezielle Bohrmaschinen. Im regenreicheren Nordosten des Landes kann eine Brunnentiefe von neun Metern schon genügen, wohingegen im Süden und am Rand der Namib manche Bohrlöcher bis zu 300 Meter tief sein müssen. Mit Wind- und Solarkraft werden Pumpen betrieben, die das Wasser an die Oberfläche bringen. Auch die Farmhäuser, ihre kleinen Gärten sowie Wasserstellen für das Wild werden auf diese Art versorgt.

Der Farmer, den wir an diesem Morgen getroffen haben, muss außerdem auch noch Grenzzäune von 200 Kilometern Länge instand halten. Das allein stellt schon eine Herkulesaufgabe dar. Auf endlosen Wegen gehen seine Angestellten diese Zäune ununterbrochen ab und bessern beschädigte Stellen aus. Nicht nur das Vieh muss am Ausbrechen gehindert werden, auch der zunehmende Viehdiebstahl durch organisierte Banden macht dem Farmer Sorgen.

„Einige Kälber verlieren wir außerdem jedes Jahr an die Leoparden. Das haben wir von vorneherein mit einkalkuliert", fügt er seiner Schilderung hinzu, als er uns später zum Frühstück in sein Haus gebeten hat. „Damit können wir leben. Nur wenn ein einzelner Leopard sehr auffällig wird, dann endet er so." Dabei weist er auf den Boden seines Arbeitszimmers. Tatsächlich. Sprachlos betrachte ich das Leopardenfell, das dort den Boden ziert. Ist das denn erlaubt?

Der Staat bemüht sich darum, Lösungen für das Zusammenleben von Mensch und Tier zu finden. Wird zum Beispiel jemand durch den Angriff eines wilden Tieres getötet, so zahlt die Regierung eine Kompensation. Rund 17 Prozent des Landes sind unter staatlichen Naturschutz gestellt, hinzu kommen die schon erwähnten privaten Schutzgebiete mit weiteren 21 Prozent der Fläche. Das zeigt Wirkung, der Wildtierbestand hat sich in den vergangenen Jahrzehnten beträchtlich erholt. Lediglich in den kommunal genutzten Gebieten nördlich des Etosha-Nationalparks mit ihrer höheren Bevölkerungsdichte ist die Zahl der Wildtiere geringer. Der Abschuss von Wildtieren ist in Namibia durch strenge Quoten geregelt. Mit einer staatlichen Lizenz und unter Einhaltung der vorgegebenen Regeln ist die Jagd auf Wildtiere aber gestattet.

Wegen ihrer schwierigen Situation suchen immer mehr Farmer neue Einnahmemöglichkeiten. Viele richten deshalb Gästezimmer ein, um Touristen zu beherbergen, und manche spezialisieren sich dazu auf besondere Angebote. So gibt es zum Beispiel Astrofarmen mit Teleskopen und Observatorien für diejenigen, die den einzigartig klaren Nachthimmel über Namibia erkunden wollen. Ihnen eröffnet sich zudem ein Teil des Sternenhimmels, der von Europa aus unsichtbar bleibt. Und wer möchte nicht einen Blick auf das legendäre Kreuz des Südens werfen? Die meisten Gästefarmen offerieren ihren Gästen außerdem Touren zur Wildbeobachtung oder die abendliche Fahrt zum Sonnenuntergang, den beliebten Sundowner.

Doch bereits seit den Sechzigerjahren des letzten Jahrhunderts haben sich manche Farmen auf den Jagdtourismus spezialisiert. Zu den ersten Safarigästen im Land gehörte Franz Josef Strauß, der 1966 ein Warzenschwein auf einer Farm nördlich von Windhoek erlegte. Wie sieht sie heute aus, die Jagd in Namibia?

Beim Einchecken in Frankfurt standen in der Wartereihe neben uns vier kernige Burschen in Fleckentarn. Fast schon demonstrativ breitbeinig, wichtigtuerisch und raumgreifend. Mit anderen Worten, sie waren mir auf Anhieb ziemlich unsympathisch. Als sie dann ihre überdimensionierten Waffenkoffer aufs Gepäckband wuchteten, kam das böse Erwachen: Knapp 900 € wurden für die Beförderung dieses Sondergepäcks fällig. Die vermeintlichen Haudegen reagierten sichtlich konsterniert, und ich muss gestehen, dass mich eine nicht gerade rühmliche Schadenfreude packte. Warum mussten die Typen auch nach Namibia reisen, um dort auf Tiere zu ballern?

Wie der Zufall es will, finden wir uns einige Tage später selbst auf einer Jagdfarm nahe der kleinen Stadt Omaruru wieder, etwa 170 Kilometer nordwestlich von Windhoek. Dort ergreife ich die Gelegenheit zu einem Gespräch mit dem Farmer, der selbst ein passionierter Jäger ist.

„Was wir hier betreiben, das ist aktiver Naturschutz", behauptet der Mann. „Die Tiere haben auf unserer Farm einen Lebensraum, und dass wir ihnen das ermöglichen können, verdanken wir den Einnahmen aus dem Jagdbetrieb. Wir sind

Mitglied im namibischen Jagdverband, der die ethische Jagd in den Fokus gestellt hat. Dabei achten wir auch auf selektive Bejagung, das heißt, dass die jüngeren Tiere verschont werden. Unsere oberste Priorität ist es, den Tierbestand zu erhalten. Und die geschossenen Tiere dienen uns als Fleischlieferanten." Er hat kein Problem damit, dass es den Jagdtouristen dagegen ausschließlich um den Thrill geht und natürlich darum, eine stolze Trophäe mit nach Hause zu nehmen. Deren Versand wird von der Farm aus erledigt. Viele Jagdreisende, so erzählt er, kommen aus Europa, noch mehr allerdings aus Russland und aus verschiedenen arabischen Ländern.

An die Futterstelle in der Nähe des Farmhauses sind inzwischen ein paar Kudus gekommen. Die männlichen Exemplare dieser Antilopenart sind mit fast 160 Zentimetern Schulterhöhe ganz schön groß. Besonders auffällig ist aber ihr geschraubtes Gehörn, das mehr als einen Meter lang werden kann. „Die Kudus sind eine der mehr als 25 Tierarten, die bei uns gejagt werden können", erläutert der Farmer. „Manche Tiere haben wir zu diesem Zweck extra wiederangesiedelt und bieten ihnen auf unserem riesigen Terrain einen Ort zum Leben. Ohne die Jagd wäre das undenkbar."

Das gesamte Gebiet der Jagdfarm ist zweifach von hohen Wildzäunen eingefasst. „Ein Mordsaufwand ist das", schimpft der Farmer. Doch die Regierung hat entsprechende Verordnungen erlassen, weil von manchen Wildtierarten Krankheiten auf die Rinder der angrenzenden Farmen übertragen werden können. Um zur Jagdfarm zu gelangen, muss man zunächst über das Gelände dieser Nachbarfarmen fahren und dabei ein wahres Heer von Toren bezwingen. Jedes einzelne muss geöffnet und nach der Durchfahrt wieder geschlossen werden. „Ich möchte gerne noch Gnus ansiedeln", fährt der Farmer fort. „Aber die Auflagen sind immens, weil man die

Ausbreitung von Seuchen befürchtet. Dabei gehören die Gnus doch eigentlich hierher!“

Außer uns hält sich noch ein einzelner Jagdgast auf der Farm auf. Beim Abendessen erzählt er davon, wie faszinierend es für ihn gewesen sei, mit einer Gruppe von San auf Spurensuche zu gehen. Ob er etwas geschossen hat, verrät er uns allerdings nicht. Dabei dürften wir uns wohl kaum darüber beschweren, weil wir soeben ein Kudu-Schnitzel verspeist haben.

Jagdsaison ist vom 1. Februar bis zum 30. November. Jeder Jagdgast muss eine eigene Lizenz vorlegen, maximal vier Jäger gehen in Begleitung eines erfahrenen Jagdführers auf die Pirsch. Die Einfuhr des eigenen Gewehrs ist erlaubt, sofern der entsprechende Waffenschein vorgelegt werden kann.

Neben Antilopen, Gnus und Zebras dürfen mit einer speziellen Sondergenehmigung in manchen Gebieten sogar Hyänen, Giraffen, Elefanten, Nashörner oder Raubkatzen gejagt werden. Zu letzteren zählen Wüstenluchse, Geparden, Löwen und Leoparden. Absolut nachhaltig und legal, so wird es auf den Websites entsprechender Anbieter behauptet, wo man auch Fotos triumphierender Jäger neben einem erlegten Leoparden oder einer toten Giraffe finden kann. Die Einnahmen aus solchen Jagdsafaris kämen dem Artenschutz zugute, so heißt es. Denn das Geld gebe den Dorfgemeinschaften einen Anreiz, die Tiere vor Wilderern zu schützen und es hinzunehmen, dass umherstreifende Elefanten Schäden anrichteten oder Löwen ihre Schafe rissen. Die Menschen würden dadurch den wirtschaftlichen Wert der Tiere erkennen, während sie diese früher bloß als Schädlinge betrachteten. Löwen zum Beispiel gibt es deshalb fast nur noch in den Nationalparks sowie ganz im Südosten von Namibia, wo sie aus dem besonders löwenreichen Kgalagadi Transfrontier Park in Botswana und Südafrika überwechseln.

Doch wo soll man der Jagd eine Grenze setzen? Vor einigen Jahren geriet ein Texaner in die Schlagzeilen, weil er von der namibischen Regierung für 350.000 Dollar die Lizenz zum Töten eines Spitzmaulnashorns ersteigerte. Auf seiner Pirsch ließ er sich von einem Team des Senders CNN begleiten.

Auch uns sind auf unseren Fotosafaris einige Spitzmaulnashörner begegnet, weil Namibia mit mehr als tausend Exemplaren eine der größten noch vorhandenen Populationen aufweisen kann. Doch die weltweit nur noch etwa 5.000 Spitzmaulnashörner gelten als stark gefährdete Art. Sein Abschuss, so rechtfertigte sich der Texaner, habe den seltenen Wesen weltweite Aufmerksamkeit eingebracht. Außerdem habe er ja lediglich einen alten Bullen geschossen, und das Geld, das er dafür bezahlt habe, komme schließlich dem Kampf gegen die Wilderei zugute.

Dass man Tiere jagt und ihr Fleisch nutzt, kann ich nachvollziehen. Doch die Argumente des Texaners, der ein vom Aussterben bedrohtes Nashorn nur aus purer Lust am Töten erlegt hat, überzeugen mich nicht. Ich verstehe auch nicht, wie man einen prächtigen Leoparden schießen kann, um dessen Fell als Kaminvorleger zu nutzen. „Ja, ja", sagt der Jagdfarmer und bedenkt mich mit einem Blick, der besagt, dass er befürchtet, ich könne eine fanatische Tierschützerin sein. „Aber was tätest du denn, wenn der Leopard dein Vieh reißen würde? Und wenn man den Leoparden schon beseitigen muss, warum soll man dann nicht das Geld von jemandem nehmen, der dazu bereit ist, für den Abschuss zu zahlen?" Ich fühle mich ertappt. Natürlich ist es vermessen, über das Verhalten von Menschen zu urteilen, deren Lebenssituation sich von meiner eigenen so grundlegend unterscheidet. Die Jagd auf den Wildfarmen generiert in dem armen Land zudem jährlich rund 450 Millionen Namibia-Dollar, das sind etwa 28 Millionen

Euro. Im Jagdsektor sind um die 15.000 Menschen beschäftigt, sämtliche Hegegebiete des Landes schaffen nach Angaben des namibischen Umweltministeriums sogar Arbeitsplätze für mehr als 250.0000 Leute.

„Wir müssen alle daran arbeiten, unsere Zukunft in diesem Land zu sichern und Wege zu finden, die das ermöglichen. Einen Rückweg in die Vergangenheit gibt es nicht", resümiert der Farmer.

Auf dem Heimflug nach Frankfurt sind wir übrigens wieder den vier Waidmannsgesellen von der Hinreise begegnet. Sie wirkten sichtlich erschöpft und traten längst nicht mehr so überheblich auf. Ob ihnen wohl ein Leopard die Zähne gezeigt hatte?

Kudu-Schnitzel mit Rosinenreis und Gemüse

Zutaten für 4 Personen:

4 dünn geschnittene Kudu-Schnitzel à ca. 180 g (oder Hirsch bzw. Rind)
250 g Reis
2 Eier
200 g Paniermehl
200 g Möhren
2 Stangen Porree
200 g grüne Bohnen
2 mittelgroße mehlig kochende Kartoffeln
1 unbehandelte Zitrone
100 g Mehl
100 g Rosinen
80 g Butter
30 ml Sahne
1 El Kurkuma
1 El brauner Zucker
1 Tl Zimtpulver
1 Tl Curry
½ Tl geriebene Muskatnuss
neutrales Speiseöl zum Braten
Salz. Pfeffer

Zubereitung:

Die Schnitzel halbieren, salzen und pfeffern. Eier, Paniermehl und Mehl jeweils in ein flaches Schälchen geben, die Sahne zu den Eiern gießen und beides gut miteinander verquirlen. Nun die Schnitzel zunächst im Mehl, dann in Ei und Sahne und zum Schluss im Paniermehl wälzen, die Panade leicht andrücken. Die Schnitzel auf einen Teller legen, mit Frischhaltefolie abdecken und 30 Minuten im Kühlschrank ruhen lassen.

Die Rosinen in lauwarmem Wasser einweichen. Die Zitrone waschen und in Scheiben schneiden. Möhren, Porree und Bohnen putzen, die Kartoffeln schälen und längs und quer durchschneiden. Die Bohnen in Stücke, alles andere Gemüse in Scheiben schneiden. 500 ml gesalzenes Wasser in einem Topf aufkochen, das Gemüse hinzugeben, mit dem Deckel verschließen und 20 Minuten bei mittlerer Hitze garen.

Den Reis mit der doppelten Menge Wasser in einen Topf geben, salzen, Zucker, Kurkuma, Curry und Zimt hinzugeben, aufkochen und 20 Minuten bei schwacher Hitze quellen lassen.

Währenddessen einen Schuss Öl in einer Pfanne erhitzen und die Schnitzel von jeder Seite 3 Minuten scharf anbraten. Die Hitze stark reduzieren, 20 g Butter hinzugeben, die Schnitzel darin wenden und noch einmal 3 Minuten in der Pfanne lassen.

Das Gemüse abgießen, die Muskatnuss und die Hälfte der verbliebenen Butter hinzufügen, salzen, pfeffern und gut verrühren. Die Rosinen kräftig ausdrücken und mit der restlichen Butter unter den Reis mischen.

Die Schnitzel abtropfen und mit Reis und Gemüse auf Tellern anrichten. Die Zitronenscheiben jeweils auf die Schnitzel legen.

Wer es wissen will: Fleisch vom Kudu und anderen Antilopen kann man in Deutschland übers Internet bestellen.

Von der Schule in die Wildnis – Leben in Namibia

Namibias Farmer, aber auch ihre Arbeiter und die Bewohner abgelegener Dörfer sehen sich mit noch einem weiteren Problem konfrontiert: Die Wege zu den Schulen sind weit. Unter Tränen erzählte eine Farmersfrau, dass ihr einziges Kind nun bald eingeschult werde. In diesem Fall hieß das, dass der Kleine fortan ein entfernt gelegenes Internat besuchen würde. Sie wisse nicht, wie sie das aushalten solle, klagte die betroffene Mutter.

In Namibia besteht Schulpflicht, und immerhin besuchen mehr als 90 Prozent der Kinder auch tatsächlich eine Schule, die Alphabetisierungsrate ist entsprechend hoch. Doch für Familien, die nicht in einer Stadt oder zumindest stadtnah leben, bedeutet das in der Regel, dass sie auseinandergerissen werden. Die meisten Dörfer und Farmen liegen nämlich in beträchtlicher Entfernung von der nächsten Schule.

Wir haben eine Schule besucht, die ein Stück südlich von Windhoek in ländlicher Umgebung liegt. Es sind vor allem die Kinder von Landarbeitern, die hier Unterricht erhalten. Auch ein Kindergarten für die Kleineren ist dem Schulkomplex angeschlossen. Staatliche Fördergelder und private Unterstützung machen es möglich, dass Kinder hier auch einen Internatsplatz bekommen können. Zwar ist das Schulgeld für die Grundschulzeit in öffentlichen Schulen seit 2013 abgeschafft, doch fallen natürlich Kosten für Lernmaterial an, vor allem aber für Verpflegung und Unterkunft. Und das übersteigt das Budget der Arbeiterfamilien schnell. Kinder aus wohlhabenden Farmersfamilien besuchen dagegen in aller Regel private Schulen, die ein entsprechend hohes Schulgeld verlangen.

Die Schulleiterin führt uns durch die Gemeinschaftsräume, die Kantine und die Schlafbaracke der Kinder, die derweil im Schulgebäude unterrichtet werden. Auffällig ist die peinliche Sauberkeit. „Unsere Kinder sorgen selbst für Sauberkeit und Ordnung“, betont die Schulleiterin. „Das gehört zu den ersten Dingen, die sie hier lernen.“ In den engen Räumen des Schlafgebäudes drängen sich die penibel gemachten Etagenbetten aneinander. Würde hier Chaos herrschen, wären diese Zimmer schnell unbewohnbar. Deshalb ist es nur zu verständlich, dass die Kinder zu äußerster Disziplin angehalten werden müssen. Wenn ich da an den Zustand der Zimmer meiner eigenen Kinder zurückdenke, wird es mir ganz anders.

Das gesamte Schulgelände ist von einem hohen Elektrozaun umgeben. „Nein“, sagt die Schulleiterin und lacht, als ich sie frage, ob dies eine martialische Maßnahme sei, um die Schüler am Ausbüxen zu hindern. „Der Zaun dient nicht dazu, die Kinder einzusperren. Er verhindert vielmehr, dass die Paviane hereinkommen!“ Tatsächlich entdecke ich in nicht allzu weiter Entfernung hinter dem staubigen Sportplatz ein massiges Pavianmännchen, das dort zu patrouillieren scheint. Wo es in der Nähe von Häusern Berge und Hügel gibt, auf die sie sich zurückziehen können, leben vielerorts Paviane. Oft sieht man sie auf der Suche nach Essbarem am Straßenrand herumwuseln. Sobald niemand in der Nähe ist, kommen sie aber auch dicht an die Häuser heran. Dort richten sie mitunter beträchtliche Verwüstungen an, denn sie sind neugierig und untersuchen alles, was nicht niet- und nagelfest ist. Manche

Hausbesitzer schützen ihre Grundstücke deshalb während ihrer Abwesenheit mit Selbstschussanlagen, die laute Knallgeräusche abgeben, sobald die Tiere sich nähern.

Aller Dürre zum Trotz ist Namibia von einem enormen Reichtum an wilden Tieren geprägt. Die Paviane sind nur eine von rund 300 Säugetierarten, hinzukommen mehr als 600 verschiedene Spezies von Vögeln, 100 Vertreter der Reptilien und eine unbekannte Vielfalt an Insekten. Fährt man durch das Land, so sieht man immer wieder Antilopen, Zebras und Strauße, selbst Giraffen stehen schon mal am Straßenrand und beobachten den spärlichen Autoverkehr. Besonders dreist sind nicht nur die Paviane, sondern auch Warzenschweine. Auf einer Lodge kamen sie sogar bis in den Garten, wo wir uns zum Entspannen niedergelassen hatten. Dort gab es nämlich eine sattgrüne Rasenfläche, angesichts des kargen Umlands eine fürstliche Delikatesse für die hungrigen Tiere. Die Angestellten verscheuchten sie immer wieder, doch sobald die Leute ihnen den Rücken kehrten, kamen die Tiere wie Bumerangs zurück und grasten in aller Seelenruhe direkt neben unserem Rastplatz weiter.

Zugegebenermaßen sind Warzenschweine – zumindest in menschlichen Augen – nicht besonders hübsch. Sie gehören zu den sogenannten „Ugly Five“, den „hässlichen Fünf“. Mit menschlicher Vermessenheit wurden unter diesem Oberbegriff fünf afrikanische Wildtierarten zusammengefasst, neben dem Warzenschwein sind das der Marabu, der Geier, das Gnu und die Hyäne. Alle fünf Arten sind in Namibia vertreten, am ehesten trifft man sie an den Wasserstellen der Nationalparks.

Außer den „Ugly Five“ gibt es noch die „Big Five“. Diesen Begriff haben Großwildjäger geprägt. Sie bezeichnen damit ihre begehrtesten Trophäentiere, deren Jagd aber gefährlich und mit enormen Schwierigkeiten verbunden ist, nämlich Elefant, Büffel, Nashorn, Leopard und Löwe. Auch diesen Tieren begegnet man am verlässlichsten in den Nationalparks. Denn man braucht schon unverschämtes Glück, um sie außerhalb der Schutzgebiete zu Gesicht zu bekommen.

Dabei sollte man meinen, dass ein ausgewachsener Elefant gar nicht so leicht zu übersehen ist. Mancherorts im Nordwesten Namibias stehen sogar Elefanten-Warnschilder am Straßenrand. Sie sollen auf die Wüstenelefanten aufmerksam machen, deren Herden das Land durchziehen. Diese Tiere haben sich perfekt an die schwierigen Lebensbedingungen in der Namib angepasst. Zwar unterscheiden sie sich genetisch so gut wie gar nicht von den Savannenelefanten des restlichen Afrikas. Doch sie sind schlanker, sinken mit ihren besonders breiten Fußsohlen nicht so tief in den Sand ein und können bis zu vier Tage ohne Wasser auskommen. Auf der Suche nach Wasser und Nahrung legen sie täglich bis zu 70 Kilometer zurück. Auch die allerbeste Anpassung konnte sie allerdings nicht vor Wilderern schützen. In den Achtzigerjahren gab es nur noch etwa 80 freilebende Wüstenelefanten. Durch den verbesserten Naturschutz nach der Unabhängigkeit Namibias konnte sich ihre Population wieder etwas erholen. Heute gibt es nach Schätzungen rund 200 Tiere dieser speziellen Art, während es vom gewöhnlichen Afrikanischen Elefanten mehr als 20.000 Exemplare in Namibia gibt. Entsprechend selten sind Begegnungen mit echten Wüstenelefanten.

Neben ihnen ist auch das Breitmaulnashorn mit weniger als 700 Vertretern seiner Art besonders gefährdet. Verschiedene Antilopenarten oder die Braune Hyäne, der wir im Kapitel über das Sperrgebiet begegnet sind, tun sich ebenfalls schwer.

Deutlich weniger Probleme als diese großen Tiere haben aber ganz offensichtlich manche der allerkleinsten. Sie sind so winzig, dass sie dem normalen Durchreisenden gar nicht auffallen würden. Deshalb könnte man fast meinen, sie wollten um jeden Preis um Aufmerksamkeit buhlen. Denn sie überziehen die Landschaft mit bizarren Gebilden, die alles andere als klein sind und sich manchmal sogar zu wahren Skulpturenstädten aneinanderreihen. Es sind Termiten, die diese Wunderwerke vollbringen. Während sich manche ihrer Hügel nur als unförmige Erdhaufen aus dem Gelände erheben, ragen die meisten wie elegant geschwungene Stalagmiten meterhoch aus dem Untergrund empor. Einige Bauten besitzen sogar mehrere Spitzen und wirken damit wie fantastische Miniatur-Kathedralen. Dabei weisen sie immer die Farbe des umliegenden Bodens auf. Besonders, wo dieser intensiv rostrot gefärbt ist, heben sich die Termitenhügel geradezu spektakulär von dem allgegenwärtigen grauen Geäst der Dornenbüsche ab.

Termitenbauten sind wahre Wunderwerke tierischer Ingenieurskunst. Die Insekten konstruieren ihre Hügel aus Erde und zerkautem Pflanzenmaterial, ihren Speichel setzen sie dabei als Bindemittel ein. Das Ergebnis ist ein enorm festes Bauwerk, das bis zu acht Meter Höhe erreichen kann. Im Boden unter diesem sichtbaren Gebilde liegt der eigentliche Termitenbau, in dem sich das Nest mit der eierlegenden Königin befindet und der mit seinen verzweigten Gängen bis tief in den Untergrund hinabreichen kann. Der oberirdische Aufbau stellt nichts anderes als eine raffinierte Klimaanlage dar. In seinen Außenwänden steigt erhitzte Luft aus dem Termitenbau nach oben, während durch den zentralen Schlot ständig frische Luft ins Innere hinabströmt. Dort hausen mitunter Millionen von Individuen, zumindest aber etliche tausend. Sie versorgen ihren Nachwuchs und kultivieren außerdem essbare Pilze. Deren Wachstum produziert genau wie die Termitenkörper Wärme, was eine ordentliche Belüftung der Wohnanlage erforderlich macht.

Termiten und die ihnen so ähnlichen, aber dennoch nicht verwandten Ameisen dominieren die Welt der Insekten Namibias mit weitem Abstand. Neben ihnen gibt es allerdings auch für den Menschen gefährlichere Arten, zum Beispiel Malariamücken. Sie stellen vornehmlich im tropisch-feuchten Caprivizipfel ein Problem dar und machen dort eine entsprechende Prophylaxe erforderlich. Im Nordosten des Landes besteht während der Regenzeit ein erhöhtes Infektionsrisiko, im restlichen Namibia ist die Gefahr minimal, an der Küste, um Windhoek herum und ganz im Süden des Landes sogar gleich null.

Auch wegen der in Namibia heimischen Spinnen muss man sich keine allzu großen Sorgen machen. Es gibt zwar Schwarze Witwen und einige giftige Sand- und Vogelspinnenarten. Deren Bisse sind schmerzhaft, bringen einen gesunden Erwachsenen aber nicht gleich um. Man sollte vorsorglich festes Schuhwerk tragen, wenn man sich auf Wanderschaft begibt.

So ausgerüstet braucht man sich unterwegs auch vor Schlangen nicht zu fürchten. Alle Schlangen Namibias ergreifen bei den geringsten Bodenerschütterungen die Flucht, es gibt nur eine einzige Ausnahme. Das ist die Puffotter, sie ist auffällig breit und dabei relativ kurz. Ihre Farbzeichnungen zeigen sich jeweils individuell als Variationen von querverlaufenden Mustern in verschiedenen Schattierungen von Braun und Grau. Der Biss einer Puffotter ist gefährlich und bedarf einer sofortigen Behandlung. Allerdings ist sie nicht aggressiv und warnt, bevor sie zuschnappt. Wir selbst hatten weder Begegnungen mit Puffottern, noch mit Kobras, Mambas oder sonstigen Schlangen. Denn diese Wesen haben mehr Angst vor uns als umgekehrt. Auch den Python, von dem uns ein Farmer erzählte, haben wir nicht gesehen. Besagte Würgeschlange lauerte in einer Wasserstelle auf dem Farmgelände, kam ein Vogel dort nichts ahnend zum Trinken, so war's um ihn geschehen.

Viele der größeren Tiere Namibias bekommt man recht zuverlässig zu Gesicht, vor allem, wenn man den wildreichen Caprivizipfel oder den Etosha-Nationalpark besucht. Bloß das Stachelschwein zeigte sich nicht, obwohl wir zu Fuß durchs Gestrüpp bis zu dessen Bau marschiert sind. Vor dem Eingang türmten sich allerhand abgenagte Knochen zu einem recht grauslichen Anblick übereinander, denn obwohl das Stachelschwein sich hauptsächlich von Pflanzen ernährt, verschmäht es auch frisches Aas nicht. Doch das Tier ist nachtaktiv, als wir vor seinem Bau standen, schlief es drinnen vermutlich tief und fest. Erst als wir am nächsten Morgen noch bei Dunkelheit losfuhren, wäre es uns beinahe unter die Reifen geraten.

Unser Blick auf das Wildleben Namibias bleibt unvollständig, wenn wir nicht auch noch einer ganz besonderen Pflanze Achtung zollen. Es ist die Welwitschia mirabilis, die der Wüste Namib endemisch ist. Hier findet man sie recht häufig, und obwohl sie auf den ersten Blick alles andere als ansehnlich erscheint, ist sie doch eine solche Besonderheit, dass sie sogar im Staatswappen Namibias einen Ehrenplatz gefunden hat. Dieses Staatswappen zeigt zwei Oryxantilopen, die den Wappenschild mit der Nationalflagge halten. Sie stehen auf Wüstensand, dem eine grüne Welwitschie entsprießt.

Ihr wissenschaftlicher Beiname „mirabilis" lässt erahnen, dass Welwitschien sich wohl nicht bloß durch ihre Fähigkeit auszeichnen, in der Wüste überdauern zu können. Ihr Aussehen, das an einen im Sand gestrandeten Kraken erinnert, weckt allerdings keinerlei Assoziationen an ein Mirakel. Und doch sind sie Wunderpflanzen, so wundersam, dass hunderte von Besuchern Jahr für Jahr zu ihrem berühmtesten Vertreter pilgern. Dieser gedeiht am Ende des Welwitschia Drive, einer 50 Kilometer langen Straße, die durch die Mondlandschaft südöstlich von Swakopmund führt.

Unscheinbar wuchert das Ziel der Reise im bleichbeigen Sand. Die Enden der Blätter sind verdorrt, und auch der Rest davon kräuselt sich im Staub wie eine traurige Topfpflanze, die ihr Besitzer seit Wochen nicht mehr gegossen hat. Das wahre Wunder ist denn auch keineswegs ihr Erscheinungsbild, es ist vielmehr das Alter des Gewächses. Diese Welwitischie ist nämlich schon mehr als tausend Jahre alt, vielleicht hat sie sogar schon 1.500 Lenze auf ihrem blassgrünen Buckel. Um es ganz genau zu erfahren, müsste man ihren 50 Zentimeter hohen Stamm anbohren, der etwa einen Meter dick ist und Jahresringe aufweist. Aber damit würde man das Wundergewächs unwiederbringlich zerstören.

Eine Welwitschie hat nur zwei Laubblätter, die aber jeweils mehr als zweieinhalb Meter lang werden können. Während des Wachstums reißen diese Blätter längs auf, sodass es wirkt, als habe die Pflanze mehrere davon. Die Blattenden sterben ab, vertrocknen und geben dem Gewächs damit sein desolates Erscheinungsbild. Welwitschien überleben, weil ihr weit verzweigtes feines Wurzelgeflecht auch noch das kleinste Tautröpfchen zu verwerten weiß und die Blätter dieses Wasser zudem optimal speichern können. Die Wunderpflanzen existieren bevorzugt in Wüstenregionen, die 50 bis 60 Kilometer von der Küste entfernt sind. Ihr Hauptverbreitungsgebiet liegt in der Gegend um den Welwitschia Drive, hier gibt es bis zu 6.000 Exemplare. Ein Segen für die Oryxantilopen und die Bergzebras dieser kargen Region, denen sie als Futterpflanzen dienen.

Um die Methusalem-Welwitschie und vor allem ihre empfindlichen Wurzeln vor den Besuchern zu schützen, ist sie durch einen Zaun gesichert. Das bringt uns zurück zu der Schule, bei deren Elektrozaun unser Ausflug in das Wildleben Namibias seinen Anfang nahm.

Nach sieben Jahren werden die Kinder die Primarschule verlassen. Danach folgt die fünfjährige Sekundarschulzeit, und wer die Universität besuchen möchte, absolviert noch ein weiteres freiwilliges Schuljahr.

Doch wer nicht zur privilegierten Gesellschaftsschicht gehört, dem bleiben ein Studium oder eine qualifizierte Ausbildung in der Regel verwehrt. Das soziale Gefälle spiegelt sich auch in den Chancen auf eine höhere Bildung. „Und was nutzt schon die beste Bildung", schimpfte Günther, der Mann mit dem Solarbackofen. Er hat viele Jahre für ein Entwicklungshilfeprojekt bei den ältesten Völkern Namibias gearbeitet. „Sie kommen zurück in ihre Dörfer, haben einen Schulabschluss, vielleicht sogar ein abgeschlossenes Studium. Und dann? Dann sitzen sie vor ihren Hütten herum, weil sie nichts damit anfangen können. Und aus Frustration fangen sie schließlich mit dem Trinken an."

Wie leben diese ältesten Völker Namibias? Zeit für einen Besuch bei den San, den Buschleuten der Kalahari.

Springbockmedaillons mit grünem Spargel

Zutaten für 4 Personen:

4 Springbockmedaillons à ca. 180 g *
1 kg grüner Spargel (am besten aus Swakopmund)
80 g dünn gehobelter Parmesankäse
80 g Butter
10 Blättchen Salbei
1 Tl Zucker
Speiseöl zum Braten
Pfeffer
Salz

* (alternativ: Medaillons vom Reh oder vom Rind)

Zubereitung:

Den Spargel waschen und die unteren Enden abbrechen. In einem Topf gesalzenes Wasser aufkochen, den Zucker sowie 20 g Butter hinzugeben und den Spargel darin 15 Minuten lang garen. Die restliche Butter zerlassen.

Den Backofen auf 180° C vorheizen. Die Salbeiblättchen fein hacken und mit Salz und Pfeffer im Mörser zu einer Paste verarbeiten. Die Medaillons von beiden Seiten damit einreiben. In einer Pfanne einen Schuss Öl erhitzen und die Medaillons bei starker Hitze von jeder Seite 3 Minuten anbraten, dann für 10 Minuten in den Backofen stellen. Herausnehmen, den Parmesan darauf verteilen, locker mit Alufolie abdecken und 5 Minuten ruhen lassen.

Das Fleisch auf vorgewärmten Tellern anrichten. Den Spargel gut abtropfen lassen, dazulegen und mit der Butter übergießen. Dazu krosses Brot, Salzkartoffeln oder Kroketten servieren.

Gebackene Omaere

Zutaten für 4 Personen:

600 ml Omaere (namibische Sauermilch, alternativ 300 g Joghurt gemischt mit 300 ml Buttermilch)
80 g Grieß
4 Eier
80 g Zucker
1 Tl Zimt
40 g brauner Zucker
1 unbehandelte Zitrone
Salz
Butter zum Einfetten
gemahlener Zimt zum Bestäuben

Zubereitung:

Die Zitrone waschen, den gelben Schalenanteil fein abreiben und die Zitrone auspressen. Die Omaere zusammen mit dem Zucker, dem Zimt, der Zitronenschale und einer Prise Salz in einen Topf geben. Unter Rühren vorsichtig aufkochen und den Grieß einrühren. 3 Minuten mitköcheln lassen, dabei ständig rühren, dann vom Herd nehmen, den Zitronensaft unterrühren und 20 Minuten quellen lassen.

Die Eier in Eiweiß und Eigelb trennen, die Eigelbe gleichmäßig unter den Grießbrei rühren. Die Eiweiße mit einer Prise Salz zu steifem Schnee schlagen und unter den abgekühlten Grießbrei heben. Eine Auflaufform mit Butter einfetten und die Masse hineinfüllen. Den Backofen auf 180°C vorheizen und die Omaeremasse 25 Minuten darin backen. Abkühlen lassen, den braunen Zucker darüberstreuen, mit Zimt bestäuben und servieren. Dazu passen Sauerkirschen.

Die San – Menschen des Wissens und Besitzer des Schattens

Unser Jeep kämpft sich kilometerweit über einen Pfad durch den weichen Sand der Kalahari. Die dornigen Zweige des dichten Gestrüpps rechts und links des Pfades scheinen nach uns zu greifen, immer tiefer dringen wir in das Reich der Savanne ein, fernab der vertrauten Straßen und aller Zivilisation. Nicht auszudenken, würde etwa einer der bulligen Reifen unseres Fahrzeugs auf dem holprigen Weg hier mitten im Busch seinen Dienst versagen. Noch ist es früher Morgen, dennoch zeigt uns die Sonne schon, dass sie kein Erbarmen kennen wird. Allein auf uns gestellt, in dieser Wildnis? Wir hätten keine Chance.

Endlich endet unsere Fahrt an einem lichten Platz. Hohe Mankettibäume spenden spärlichen Schatten, ein von Ästen umzaunter Pferch verspricht die Anwesenheit von menschlichen Wesen. Kaum sind wir, erschöpft von der holprigen und staubigen Fahrt, von unserem Jeep geklettert, sehen wir sie auch schon. Durch das kahle Gebüsch nähert sich eine Gruppe von vielleicht zwölf oder dreizehn Personen.

Sie sind klein und sehnig, die Männer tragen einen knappen ledernen Lendenschurz, um die Hüften der Frauen sind längere Lappen aus Leder geschlungen. Manche der Frauen tragen einen Säugling in einem weiteren Lederlappen, der um ihre Schulter gebunden ist und es dem Kleinen ermöglicht, jederzeit an der mütterlichen Brust zu saugen. Andere tragen auffälligen Schmuck aus Schalen und Samen auf ihrer nackten Haut. Alle haben kurzes Haar, das wie schwarze Tupfen ihrer Kopfhaut entsprießt. „Pfefferkornhaar" nennt man diese besondere Haarform, bei der das Haar in krausen, spiralförmigen Büscheln wächst, zwischen denen die Kopfhaut sichtbar ist. Neben ihrer drahtigen Statur, der nur um 1,50 Meter betragenden Körpergröße, den hohen Backenknochen, den dunkelbraunen Augen und der gelblich-braunen Haut sind ihre besonderen Haare der deutlichste Hinweis darauf, dass es sich bei diesen Menschen um Angehörige eines Volks der San handelt.

Ihre körperlichen Merkmale sind Zeichen der Anpassung an die besonderen Bedingungen der Kalahari. Sie zeigen aber auch, dass es sich um eine Menschengruppe handelt, die sich nur wenig mit anderen Völkern vermischt hat. Es gibt eine Theorie, die besagt, dass die San sich von der frühen Population des Homo sapiens abgespalten haben und ihre Vorfahren über einen Zeitraum von 100.000 Jahren genetisch isoliert blieben. Sie könnten also direkte Nachfahren der ersten modernen Menschen sein. Auf jeden Fall sind sie eines der ältesten Völker der Welt.

Ein weiteres Phänomen aus uralter Zeit, das die San sich bewahrt haben, ist auch ihre einzigartige Khoisan-Sprache. Ganz selbstverständlich fließen dabei klickende und schnalzende Laute in den melodiösen Redefluss ein. Manche Wissenschaftler sind der Meinung, dass in dieser Klicklautsprache sogar die allererste menschliche Sprache überdauert hat. Doch für jeden, der sie nicht mit der Muttermilch eingesogen hat, sind diese Laute schier unnachahmlich. Es grenzt an ein Wunder, wie die San das fertigbringen. Beim Versuch, ein simples Wort nachzuahmen, das eine junge San-Frau mir vorgesprochen hat, habe ich fast meine Zunge verschluckt.

Und als ich ihren Namen wiederholen wollte, habe ich mich dabei nur lächerlich gemacht. Ich hätte mich gerne mit ihr unterhalten, mit ihrem zauberhaften Lächeln hatte sie mich unter ihre Fittiche genommen, um mir einige ihrer Fertigkeiten zu demonstrieren. Doch leider sprach sie kein Englisch, und obwohl ich ihren Schilderungen gebannt lauschte, blieb mir deren Sinn doch ein unbegreifliches Rätsel.

Die San beherrschen nämlich noch weitaus mehr Fähigkeiten. Wir haben uns im Schatten der Mankettibäume getroffen, weil sie uns ein paar Kostproben ihres phänomenalen Wissens geben wollen. Einer der San-Männer übersetzt die Erklärungen der anderen nun auf Englisch. Als Erster tritt der Feuermacher vor. Er hockt sich hin und reibt ein dünnes Manketti-Hölzchen mit Sand auf dem harten Boden. Ehe wir uns versehen, verglimmt es auch schon zu einem heißen Pulver, das der Mann in ein Knäuel aus dürren Halmen drückt. Er pustet ein paarmal leicht hinein, und schon lodert eine Flamme auf. Unglaublich, wie schnell das ging!

Nun folgen wir den San auf Zickzackpfaden durch das Labyrinth der Sträucher. Wir hören von saftigen Knollen, deren Flüssigkeit, tröpfchenweise ausgepresst, das Überleben in der Trockenheit ermöglicht. Wir erfahren, welche Blätter gegen Magenbeschwerden helfen, welche Rindenstücke Schlangen fernhalten und welche Wurzeln Schmerzen lindern können. Wir bewundern einen Strauch, auf dessen Blättern in der Regenzeit Insekten leben, deren Puppen sich später im Sand eingraben. Diese Puppen liefern den San Gift für ihre Pfeile, ähnlich wie es die hohe, stachelige Wolfsmilch-Sukkulente tut, die wir ein paar Tage zuvor in der Namib bestaunt haben.

Mit dem Gift werden die Spitzen der Pfeile getränkt, die die San mit ihren kleinen Bögen abschießen. Sie erzielen dabei lediglich eine Reichweite von gut 20 Metern, weshalb sie sich sehr dicht an ihre Beute heranschleichen müssen. Ist das Tier getroffen, brauchen die Jäger ihm nur noch zu folgen. Das Gift wird es irgendwann lähmen, bei einem so großen Tier wie der Giraffe dauert das allerdings einen ganzen Tag. Die San sind die zähesten Dauerläufer unter den Menschen, stundenlang können sie ohne jede Pause durch die Kalahari traben. 40 Stunden dauere die bisher längste dokumentierte Verfolgung eines großen Beutetiers, bis dieses endlich erschöpft war. „Großer Tanz“ heißt die Ausdauerjagd bei den San, sie versetzten sich dabei mental in ihre Beute und glauben, auf diese Weise deren Wege vorausahnen zu können. Um durchzuhalten, kauen die Jäger unterdessen auf einer speziellen Wurzel, die das Hunger- und Durstgefühl unterdrückt. Ist das Tier schließlich mit dem Speer erlegt, so wird sein Fleisch in Streifen geschnitten und getrocknet. Nun dient es der Gruppe wochenlang als Nahrung.

Die Jagd ist Aufgabe der Männer, während die Frauen Beeren, Wurzeln und Nüsse sammeln. Trotz dieser Aufgabenteilung unter den Geschlechtern leben die San in einer egalitären Gesellschaft zusammen, Männer und Frauen sind gleichgestellt und treffen alle Entscheidungen für die Gruppe gemeinsam. Persönlichem Besitz wird keine Bedeutung beigemessen, dieser wäre bei ihrer Lebensweise ja auch nur lästig. Denn schließlich sind die San kein sesshaftes Volk, sie folgen dem Wild über beträchtliche Strecken. Alle Beute wird gerecht geteilt, Bedarfsgüter wie Leder, Speere oder Straußeneier, die als Wassergefäße dienen, werden untereinander verschenkt. Das Zusammenleben der San ist überaus konfliktfrei. Kommt es trotzdem einmal zu Streit, so wird dieser mithilfe von Ritualen schnell beigelegt. Wut, Neid, Eifersucht und ähnliche negative Emotionen werden wie Krankheiten behandelt. Wessen

Verhalten aber den moralischen Regeln seiner Sippe fortdauernd zuwiderläuft, dem droht schlimmstenfalls der Ausschluss aus der Gemeinschaft. Und jeder wird es sich gut überlegen, ob er es wirklich so weit kommen lassen möchte. Denn auf sich alleine gestellt hat man in der Kalahari kaum eine Überlebenschance.

Die Kleinen haben noch keinerlei Verpflichtungen gegenüber der Gruppe, sie dürfen unbeschwert spielen und ihre Kindheit genießen. Zur Geburt ziehen sich die Frauen in den Busch zurück, mit ihrer Rückkehr zu den aus Ästen gebundenen Hütten ihrer Sippe wird das Neugeborene in die Gemeinschaft aufgenommen. Wie bei allen Naturvölkern liegen rund vier Jahre zwischen den einzelnen Geburten einer Frau, was mit der langen Stillzeit erklärt wird.

Christlichen Missionierungsversuchen haben die meisten San erfolgreich widerstanden. In ihrer Vorstellungswelt existiert zwar ebenfalls ein omnipräsenter Schöpfergott, doch ist auch alles andere beseelt, und parallel zur realen Welt existiert für sie noch eine spirituelle. In dieser Welt wohnen Geister in Lebewesen, Sternen oder Steinen, und auch die Toten bleiben dort gegenwärtig. Der Alltag ist von Mystik durchwoben, mit Tänzen und Ritualen beschwören die San Geister, auf dass diese Heilung für einen Kranken oder Regen für das dürre Land bringen mögen. Trancetänze ihrer Schamanen können von der Morgendämmerung bis in die Abendstunden andauern.

Die San-Frau mit dem bezaubernden Lächeln hat mich derweil beiseitegenommen und zeigt mir, wie man Buschmannperlen auf Sehnenbänder fädelt. Dabei handelt es sich um Scheibchen, die aus den Schalen von Straußeneiern kreisrund herausgeschnitten werden. Diese Perlen gelten als eins der ältesten Zahlungsmittel in Afrika, Ausgrabungen haben erwiesen, dass sie schon seit mindestens 9.000 Jahren in Gebrauch sind. Zusammen mit kleinen dunklen und ein paar dickeren farbigen Samen erstellt die San-Frau für mich in Windeseile ein ausgesprochen hübsches Armband.

Bald neigt sich unser Besuch dem Ende zu. Bevor wir die Rückfahrt antreten, führen die San aber noch ein paar Tänze auf und singen dabei traditionelle Lieder. Sie lachen und klatschen vergnügt in die Hände, denn sie sind ein fröhliches Volk. Das Singen, Tanzen und Lachen sind ein ganz wesentlicher Teil ihrer Lebensphilosophie. Aber natürlich lässt sich das Angenehme auch mit dem Nützlichen verbinden. Einer der uns vorgestellten Tänze soll Regen herbeibeschwören, so erfahren wir. Und Regen täte dem verdorrten Land wirklich gut.

Während wir schließlich wieder in unseren Jeep klettern, streifen die San Lendenschurze und Lederlappen ab, dann schlüpfen sie in Jeans und T-Shirts. Denn sie leben schon lange nicht mehr in den aus Ästen gebundenen Katen im Busch.

Was wir erlebt haben, war das Lebende Museum der Ju/'Hoansi-San, das etwa 300 Kilometer östlich des Etosha-Nationalparks im Norden von Namibia liegt. Es ist eines von mehreren „Lebenden Museen“ der Living Culture Foundation Namibia, einer gemeinnützigen deutsch-namibischen Vereinigung. Das Projekt verfolgt mehrere Ziele. Zum einen soll es die Traditionen und vor allem auch das unschätzbare Wissen der indigenen Völker bewahren und Reisenden auf authentische Weise vorstellen. Zum anderen schafft es Einnahmemöglichkeiten, denn viele San leben in bitterer Armut und haben kaum Zukunftsperspektiven. Im Lebenden Museum stellen sie ihren Gästen nicht nur das ursprüngliche Leben der Buschleute vor, sie fertigen mit ihnen gemeinsam auch Schmuckstücke oder Pfeil und Bogen und führen sie dabei in ihre Arbeitsweise ein. Hinter einem Pferch aus Ästen und Zweigen gibt es außerdem einen kleinen Verkaufsbereich, wo sie für wenig Geld selbst hergestellte Produkte wie Schmuck, Ledersäckchen, Waffen und Werkzeuge anbieten. Durch all das erhalten sie eine Möglichkeit, sich mit eigener Kraft aus der Armut zu befreien.

Denn vor den einfachen Hütten ihrer neuen Dörfer lungern die „Besitzer des Schattens" herum. Es sind die San, die auf Internaten eine Schulbildung erhalten haben, gleichzeitig aber von der ursprünglichen Lebensweise ihres Volkes entfremdet wurden. Weil sie mit ihrem neuen Wissen in der alten Umgebung nichts anfangen können, fühlen sie sich nutzlos, sind antriebslos und verfallen nur allzu schnell dem Alkoholismus. Bei den San stellt Alkohol ein besonders schweres Problem dar, weil sie offenbar aufgrund ihrer genetischen Struktur die zum Alkoholabbau nötigen Enzyme nicht ausreichend bilden können.

Die Begegnung mit aggressiveren Völkern hat die San mit ihrer einfachen, naturverbundenen und friedfertigen Lebensweise an den Rand der Gesellschaft gedrängt. Wo noch vor 2.000 Jahren etwa 400.000 San das südliche Afrika bevölkerten, gibt es heute nur noch knapp 100.000. Davon lebt etwa die Hälfte in Botswana, auf knapp 40.000 schätzt man die Zahl der San in Namibia.

Wie wir wissen, vertrieben schon die Herero die San aus deren angestammten Gebieten, als sie ins heutige Namibia einwanderten. Die Kolonialisten setzten die San dann überall im südlichen Afrika unter massiven Druck. Niederländische Buren versuchten zwischen dem 17. und dem 19. Jahrhundert sogar, in den von ihnen besetzten Kapregionen alle San vollständig zu eliminieren. Die Verfolgung ging weiter, als deutsche Kolonialisten in Südwestafrika mit ihrer Landnahme immer größere Landesteile besetzten und die San dabei noch weiter zurückdrängten. Und unter der südafrikanischen Verwaltung Namibias erging es ihnen nicht besser. Hinzu kam, dass sich die weißen Herren die Fähigkeiten der Buschleute schlau zunutze machten und sie als Fährtensucher gegen die Mitglieder der Unabhängigkeitsbewegung einsetzten. Das trug den San schwere Ressentiments unter den anderen afrikanischen Völkern Namibias ein. All dies führte dazu, dass die San zu den schwächsten Gliedern der namibischen Gesellschaft wurden.

Viele San leben heute im sogenannten Buschmannland, dem unter südafrikanischer Herrschaft eingerichteten ehemaligen Homeland der San im Nordosten von Namibia. Auch das „Living Village", das wir besucht haben, befindet sich hier. Im Homeland sind die San dazu gezwungen, sesshaft zu leben. Doch diese Lebensweise läuft der ihnen angestammten völlig zuwider. Tsumkwe, mit etwa 500 Einwohnern die Hauptstadt des Buschmannlands, ist für sie nur ein „Platz des Todes", an dem sich die „Kinder des Schattens" begegnen.

Die Jagd ist ihnen verboten oder nur mit Einschränkungen erlaubt. Das ihnen zugewiesene Gebiet ist aber ohnehin nicht groß genug, um dort dauerhaft eine nachhaltige Jagd betreiben zu können. Seit Jahrzehnten fristen die San ihr Dasein entwurzelt, ihr ungeheurer Wissensschatz droht mehr und mehr verloren zu gehen. Deshalb ist es ein weiteres Ziel des „Living Village", die uralten Kenntnisse der San an die nachfolgende Generation weiterzugeben. Den San-Kindern wird Unterricht in der Kultur ihres Volkes erteilt, um diese und das mit ihr verbundene Wissen zu erhalten. Denn sonst drohen diese Schätze schon allzu bald, unwiederbringlich verlorenzugehen.

Zwei Wochen lang haben wir nichts als knisternde Trockenheit in Namibia erlebt. Doch am Abend nach unserem Besuch bei den San ziehen sich düstere Gewitterwolken zusammen, aus denen endlich der ersehnte Regenguss herabprasselt. Es scheint, als ob der Regentanz tatsächlich zu den Geistern gesprochen habe.

Sosaties – Fleischspieße vom Grill

Zutaten für 4 Personen:

500 g filetiertes afrikanisches Wildfleisch *
150 g magerer Speck (in 0,5 cm dicken Scheiben)
16 getrocknete Aprikosen
1 Zwiebel
4 Knoblauchzehen
4 El Aprikosenmarmelade
2 El Curry
1 El brauner Zucker
50 ml Weißweinessig
50 ml Sherry
50 ml Erdnussöl
4 Stiele Koriander
Salz
Pfeffer

*(alternativ: Hirschrückenfilet oder Rindfleisch aus der Hüfte)

Zubereitung:

Für die Marinade Zwiebel und Knoblauch häuten und sehr fein hacken. Das Öl in einer Pfanne erhitzen und beides darin glasig andünsten. Anschließend mit Weißweinessig und Sherry ablöschen.

Die Hitze reduzieren und den Zucker, den Curry sowie die Aprikosenmarmelade einrühren, salzen und pfeffern. Bei milder Hitze 10 Minuten köcheln lassen, dabei ab und zu rühren. Dann vom Herd nehmen und abkühlen lassen. Die Korianderblättchen abzupfen, hacken und unter die abgekühlte Marinade rühren.

Das Fleisch in mundgerechte Stücke schneiden, in die Marinade geben und gut darin wälzen, bis alle Fleischstücke mit Marinade bedeckt sind. Abdecken und über Nacht im Kühlschrank marinieren lassen.

Am folgenden Tag die Aprikosen ½ Std. in lauwarmem Wasser einweichen, dann gut abtropfen lassen. Den Speck in mundgerechte Scheiben schneiden. Nun immer im Wechsel Fleisch, Speck und Aprikosen auf Spieße stecken.

Über der heißen Holzkohleglut 10 Minuten grillen, dabei alle paar Minuten wenden. Alternativ kann man die Spieße auch 10 Minuten mit wenig Öl in der Pfanne braten.

Dazu kann man Süßkartoffeln reichen, die vorgegart in Alufolie eingewickelt und in der Holzkohleglut mitgeröstet wurden. Ansonsten knuspriges Brot, gerne auch einen frischen Salat.

Maipi bittet um Regen – ein Besuch bei den Himba im Kaokoveld

Anders als die Geister der San hat der große Gott Mukuru die Gebete seines Volkes bisher nicht erhört. Er scheint sein Herz verschlossen zu haben, denn noch immer ist weit und breit kein Regen in Sicht. Starr und steinhart liegt der Boden unter der glühenden Sonne, hier und da sind ein paar Risse in ihm aufgebrochen, als habe er sich zu einem stummen Schrei aufgetan. Am heiligen Feuer seines Stammes spricht Maipi mit den Vorfahren. Inständig bittet er sie, auf Mukuru einzuwirken, das Herz des großen Schöpfergottes zu erweichen, auf dass er endlich Regen schicken möge. Denn Maipi hat die alten Geschichten von der großen Dürre nicht vergessen. Damals litten Mensch und Vieh unsägliche Qualen, die meisten Tiere seines Volkes starben jämmerlich. Die Langnasen, so nennt Maipi die Weißen, kennen Zahlen für diese Zeit des Grauens. Sie sagen, dass in den Achtzigerjahren des letzten Jahrhunderts mehr als 130.000 Ziegen, Schafe und Rinder verdursteten, das seien zwei Drittel der Tiere von Maipis Volk gewesen. Die Menschen standen am Abgrund.

Wie viele Tiere seine eigene Familie damals verloren hat, weiß Maipi nicht. Denn Maipi kennt keine Zahlen. Sein Volk sind die Himba, in ihrer eigenen Sprache heißen sie Omu-Himba, in der Pluralform OvaHimba. Maipis Stamm lebt noch immer so, wie es die Himba vor 500 Jahren getan haben, als ihre Vorfahren aus dem Osten hierherkamen. Maipi hat nie eine Schule besucht, er kann weder lesen noch schreiben. In seiner Welt spielen diese Fähigkeiten keine Rolle. Denn Maipi weiß, wie viele Ziegen, Schafe und Rinder in seinem Kraal sein müssen, auch wenn er ihre Anzahl nicht kennt. Jedes einzelne Tier ist ihm genauestens vertraut. Fehlt auch nur ein einziges, wenn die Tiere am Abend vom Weidegang heimgetrieben werden, so bemerkt Maipi es sofort.

Maipi ist das Oberhaupt einer kleinen Sippe von Himba, die im Kaokoveld leben. Dieses 50.000 Quadratkilometer große Gebiet im Nordwesten von Namibia reicht bis zum Fluss Kunene, der die Grenze zu Angola bildet. Die einzige Stadt in der gesamten Region ist Opuwo, das nur knapp 8.000 Einwohner hat. In der Sprache der Himba bedeutet Opuwo „das Ende". Hier gibt es nichts, was die Begehrlichkeiten von Eindringlingen wecken könnte. Der Kolonialist Adolf Lüderitz, der auch dieses Land einst erwarb, schlug es schnellstmöglich wieder los. Ein Wirtschaftsverband, der es schließlich übernahm, entdeckte zwar Eisenerz in der endlosen Steppe, doch was sollte man damit anfangen? Der Transportweg zum Meer wird durch die unbezwingbare Skelettküste der Namib versperrt, und alle Wege über Land sind weit und beschwerlich. Zudem ist das Kaokoveld von extremer Dürre geprägt. Das macht diese Region wirtschaftlich völlig uninteressant, weshalb die südafrikanische Verwaltung sie später zum Homeland der Himba erklärte. Denn diese Menschen scheinen neben Elefanten, Nashörnern und Raubkatzen so ziemlich die einzigen Lebewesen zu sein, die wissen, wie man in einem derartigen Umfeld überleben kann.

Hier gibt es keine Farmen, und keine Zäune umgrenzen die Weite des Landes. Fernab aller Straßen und Wege liegt

Maipis kleines Dorf verborgen im kargen Buschland. Holzpfähle umgeben den Kraal, das Viehgehege im Herzen der Siedlung. Um ihn herum stehen die kegelförmig gerundeten Hütten der Familienmitglieder, gebaut aus Ästen und Kuhdung, der mit Wasser und Erde zu einem geschmeidigen Baumaterial vermischt wurde. Die niedrigen Türöffnungen der Hütten sind allesamt auf den Kraal ausgerichtet. Denn so ist es möglich, die Tiere stets unter Beobachtung zu halten.

Zwischen der Hütte des Häuptlings Maipi und dem Kral brennt das heilige Feuer. Es bildet den spirituellen Mittelpunkt der Gemeinschaft, hier finden alle wichtigen Zeremonien statt, die das Leben des Himbastammes bestimmen. Die Himba messen die Zeit nicht in Wochen und Jahren, den Rhythmus ihres Lebens bestimmen nicht Uhren und Kalender, sondern vielmehr einprägsame Momente wie Hochzeiten, Geburten und Sterbefälle oder der Tag, an dem ein Mädchen seine erste Periode bekommt und zur Frau wird.

Maipis Frau Uaterereta trägt die Verantwortung für das heilige Feuer und sorgt dafür, dass es ständig brennt. Uaterereta ist Maipis erste Frau, mit ihr und den gemeinsamen Kindern bewohnt er die Hütte neben dem Feuer. Rechts und links davon stehen die Hütten seiner zweiten und seiner dritten Frau, in denen diese mit ihren Kindern wohnen. Die Himba leben polygam, meist hat ein Mann zwei Ehefrauen. Seiner hohen Stellung verdankt es Maipi, dass er mit drei Frauen verheiratet sein kann. Uaterereta, die erste dieser Frauen, hat sein Vater ausgewählt, als sie noch ein kleines Mädchen war. Von diesem Tag an wuchs Uaterereta in Maipis Familie heran. Für seine beiden anderen Frauen hat sich Maipi später selbst entschieden. Und beide haben ihm vorab ihre Bereitschaft signalisiert, indem sie einen kunstvoll bestickten Gürtel unter ihrem Schurz anlegten. Maipi schenkte jeder von ihnen einen weiteren Gürtel, damit bekundet ein Himbamann seinen Willen, eine Partnerschaft mit der betreffenden Frau einzugehen. Ihr Schmuck, ihre Haartracht sowie die Besonderheiten ihrer Körperpflege nehmen nämlich einen zentralen Raum im Leben der Himba ein.

Das wichtigste Utensil ist dabei die rotbraune Otjize-Paste, mit der sich die Himba am ganzen Körper einreiben und die ihnen ihre charakteristische rötliche Hautfarbe verleiht. Diese Otjize besteht aus eisenhaltigem Pulver, welches durch das Zerreiben von Steinen gewonnen wird. Sodann wird das Pulver mit Butterfett aus Ziegenmilch vermischt. Bei manchen Gruppen wird auch noch aromatisches Omuzumba-Harz hinzugefügt, das ist eine Art Myrrhe und verleiht der Paste einen angenehm wachsartigen Duft. Die Otjize ist ein Ausdrucksmittel der Schönheit, keine Himbafrau, die auf sich hält, würde ohne dieses Ganzkörper-Make-up in die Öffentlichkeit gehen. Doch die Otjize erfüllt daneben auch praktische Funktionen. Zum einen schützt sie vor Sonnenbrand und vor lästigen Insekten. Zum anderen dient sie auch der Körperreinigung. Denn Wasser ist im Kaokoveld ein rares Gut, erwachsene Himbafrauen waschen sich deshalb zeitlebens nicht mehr. Die Reinigung übernimmt die Otjize, wenn sie schließlich trocknet, abblättert und dabei Schmutz und Hautschuppen entfernt. Gegen Schweißgeruch hilft der Rauch eines aromatischen Gehölzes, das bei ausgestrecktem Arm unter der Achselhöhle verbrannt wird. Und zum Reinigen der Haare verwenden die Himba Holzasche.

Der Gestaltung des Haupthaars wird ganz besondere Aufmerksamkeit zuteil. Denn die aufwendige Frisur ist Ausdruck der Tradition, des sozialen Status sowie der Zugehörigkeit zum Stamm. Nur die erwachsenen Männer begnügen sich mit einem schlichten schwarzen Kopftuch, und wer in Trauer ist, der trägt sein Haar offen. Für alle anderen wird es deutlich komplizierter. Mädchen tragen ihr Haar in zwei dicht am Kopf geflochtenen Zöpfen, die zur Stirn hin ausgerichtet sind. Jungen hingegen kennzeichnet ein mittiger Zopf, der nach hinten eingebunden ist. An den Seiten wird ihr Haar wie beim Irokesenschnitt kahl rasiert.

Sobald ein Mädchen ins heiratsfähige Alter kommt, beginnt es den Kopfschmuck der erwachsenen Frauen zu tragen. Hierzu werden die Haare in zahlreiche Strähnen unterteilt, die nach komplizierten Mustern geflochten und anschließend jeweils dick mit Otjize bestrichen werden. Nur die nicht geflochtenen Enden der Zöpfe bleiben davon frei, dicht und kraus fallen sie um die Schultern der Frau, sodass es wirkt, als trüge sie einen plüschigen Kragen aus langhaarigem Pelz. Verheiratete Frauen binden sich dazu noch eine kleine gerollte Kappe aus Fell oder Leder in die Scheitelmitte.

Nun kann man sich gut vorstellen, dass sich eine erwachsene Himbafrau allmorgendlich gut und gerne zwei Stunden ihrem ganz persönlichen Styling widmet. Über der mit Otjize eingeriebenen Haut trägt sie nur eine Schürze aus Kuh- oder Ziegenleder. Ihre Brüste bedeckt sie nicht, denn diese gelten den Himba nicht als sexuelles Symbol. Jedoch misst jede Himbafrau ihrem traditionellen Schmuck eine ganz besondere Bedeutung zu.

Was Schmuck anbelangt, so begnügen sich die Himbamänner meist mit einem geflochtenen Halsband. Junge Frauen, die noch kein Kind geboren haben, tragen ein weißes Halsband. Erst nach der Geburt des ersten Kindes gilt ein Mädchen als vollwertige Frau und legt sich nun eine braune Lederkette um. Doch was ist schon eine einzelne Kette? Die Himbafrauen schmücken sich mit mehreren Reihen großer, massiver Halsketten mit Metall, Meeresschnecken und Muscheln, zu runden Scheiben geschliffen und auf ein Lederband gefädelt. Manchen

Muscheln wird dabei eine spezielle Wichtigkeit beigemessen. Die Himba erhalten sie von Händlern, die sie von der Küste Angolas mitbringen und gegen Leder oder Fleisch eintauschen. Kostbare Muscheln werden von der Mutter an die Tochter vererbt und bleiben so über viele Jahrzehnte erhalten.

Manche Himbafrauen schmücken sich dazu noch mit mehreren langen Lederschnüren, die sich durch zahlreiche Perlen aus Eisen, Knochen und sonstigen Materialien ziehen und unter dem Gürtel durchgeschlungen werden müssen, damit sie beim Gehen nicht gegen die Beine schlagen. Hinzu kommen breite lederne Arm- und Fußbänder, ebenfalls mit Metallperlen verziert. Schnell summieren sich auf diese Weise mehrere Kilogramm Schmuck, von den groß gewachsenen, schlanken Frauen mit würdevoller Anmut getragen.

Eine andere Facette des Himba-Schönheitsideals fordert allerdings ihr Opfer. Schon Kindern werden die unteren vier Schneidezähne herausgeschlagen, die Eckzähne werden zu spitzen Dreiecken abgeschliffen. Die Zahnlosigkeit im vorderen Unterkiefer empfinden die Himba als ästhetisch und attraktiv. Und die verbliebenen Zähne werden gut gepflegt. Die Himba kauen dazu auf Zweigen herum, bis deren Holz fransig wie eine Zahnbürste ist und das Gebiss sich damit gründlich schrubben lässt.

Ist die Morgentoilette beendet, beginnt der Alltag im Himbadorf. Während die Männer das Vieh zum Weiden aus dem Kraal treiben und den Tag über bewachen, legen die Frauen weite Strecken zurück, um Wasser herbeizuschaffen. Wo die Nähe zum Fluss Kunene es ermöglicht, pflanzen die Himba Mais, Kürbisse und Melonen. Während der Regenzeit bauen sie hier und auch in anderen Gebieten des Kaokovelds Mais an, ihr wichtigstes Grundnahrungsmittel. Mit Steinen werden die reifen Körner zu Mehl verarbeitet, aus dem die Frauen

Mielie-Pap kochen. Milch und ein Käse, den die Himba aus ihr herstellen, sind neben dem Maisbrei die wichtigste Nahrung. Außerdem sammeln die Frauen Kräuter, Nüsse und Früchte. Nur zu ganz besonderen Anlässen wird eine Ziege geschlachtet. Das Vieh stellt nämlich den einzigen Reichtum der Himba dar, und genau wie die Herero bringen sie ihren Rindern die größte Wertschätzung entgegen. Denn auch die Himba, das haben wir schon an anderer Stelle erfahren, gehören zum Volk der Herero. Als diese Menschen ins heutige Namibia einwanderten, lösten sich die Himba von den anderen ab und blieben als Jäger und Sammler im Norden. Heute unterscheiden sie sich durch ihre kulturellen Eigenheiten von den übrigen Herero.

Noch etwa 7.000 Himba leben als Halbnomaden im Kaokoveld, viele von ihnen wie Maipi und sein Clan. Völlig abgeschieden, ohne Geld, Strom, fließendes Wasser, elektronische Medien, Telefon oder sonstige Segnungen unserer modernen Welt. Die meisten von ihnen besitzen nicht einmal einen Ausweis. Neben dem Vieh sind es vor allem die Kinder, die den Reichtum der Himba ausmachen. Kinder sichern das Überleben der Familie, ihre Arbeitskraft wird dringend gebraucht. Sobald sie alt genug sind, helfen sie beim Viehhüten, bei der Maisernte oder beim Kochen, sie beaufsichtigen die jüngeren Kinder, fertigen Schmuck, und bei alldem wachsen sie im wahrsten Sinne des Wortes mit den Aufgaben ihres Alltags. Eine Schule besuchen die meisten von ihnen nicht. Denn Schulwissen ist für ihre Lebensweise nur unnütz. Trotzdem schickt Maipi einen seiner Söhne in die mobile Schule, die es seit geraumer Zeit in der Region gibt. „Die Welt verändert sich“, sagt er, „auch wir müssen uns ändern. Dabei soll der Junge uns helfen. Doch die anderen Kinder bleiben hier. In ihnen muss die Kultur ihrer Vorväter weiterleben.“

Manche Himba schotten sich ganz bewusst von der Außenwelt ab. Besucher sind in ihren Dörfern nicht erwünscht. Andere sind hingegen aufgeschlossener, manchmal erlauben sie den Zutritt zu ihren Wohnplätzen im Gegenzug für ein paar kleine Geschenke. Sie freuen sich über Lebensmittel, besonders über Maismehl und Öl, denn mit Geld können sie nichts anfangen. Für Touristen, die das Kaokoveld bereisen und die Lebensweise der Himba kennenlernen möchten, ohne die Menschen in ihren Dörfern zu behelligen, gibt es gut 40 Kilometer nördlich von Opuwo ein Lebendes Museum, getragen von der gleichen Organisation wie das Lebende Museum der San.

Von hier gelangt man in einer zweistündigen Fahrt nordwärts zu den Epupa-Wasserfällen am Grenzfluss Kunene. Schäumend stürzen die Fluten zwischen den grünen Ufern die Felsen hinab, mit ihrer verschwenderischen Großartigkeit bilden sie einen scharfen Kontrast zur allgegenwärtigen Dürre der Steppe. Und doch ist dieses Naturschauspiel für die Himba ein Anlass zur Sorge. Denn die Regierung plant schon seit vielen Jahren, hier eine Staumauer und ein Wasserkraftwerk zu errichten. Namibia ist nämlich nicht nur von ständigem Wassermangel geplagt, auch mit der Stromversorgung gibt es Schwierigkeiten. Das Kraftwerk soll Abhilfe schaffen, doch die Himba befürchten, dass die Aufstauung des Kunene massive Beeinträchtigungen ihres angestammten Lebensraums nach sich ziehen wird. Ihr Protest erhielt internationale Unterstützung, vorerst ist das Projekt zumindest in dieser Region auf Eis gelegt.

Maipi empfindet das als große Erleichterung. Denn er und seine Sippe möchten ihr Leben so weiterführen, wie es ihr Volk schon seit Jahrhunderten tut. Sie sind hervorragend an ihre Umwelt angepasst, was sie benötigen, finden sie in der Natur.

Und alles, was von außen an sie herangetragen wird, ist für sie nichts als überflüssiger Ballast.

Bei ihrem Kraal wohnt die Sippe, solange es in dessen Umgebung genügend Wasser und Futter für das Vieh gibt. Sobald sich das Angebot erschöpft, ziehen die Männer mit den Tieren fort und folgen dabei dem Gras und dem Wasser. Wo sie es finden, lassen sie sich für eine Weile nieder und bauen provisorische Hütten aus Ästen des Mopanebaums.

Doch stets werden sie baldmöglichst zu ihren Frauen im heimischen Dorf und dem heiligen Feuer vor Maipis Hütte zurückkehren. Wenn der Regen dann wieder ausbleibt, wird Maipi erneut zu seinen Ahnen sprechen und sie darum bitten, beim großen Gott Mukuru ein gutes Wort für sich und die Seinen einzulegen. Auf dass die wundersame Welt der Himba noch lange erhalten bleiben möge.

Mielie-Pap mit Sauce

Zutaten für 4 Personen:

500 g Maismehl
300 g Kürbisfleisch
10 Tomaten
2 Zwiebeln
2 Knoblauchzehen
1 rote Chilischote
4 Zweige Koriander
3 El Tomatenmark
1 El Apfelessig
1 El brauner Zucker
1 Tl Kurkuma
Speiseöl
Salz
Pfeffer

Zubereitung:

1 l gesalzenes Wasser in einem Topf zum Kochen bringen. Das Maismehl hineinrieseln lassen, gut verrühren und den Topf mit dem Deckel verschließen. Bei milder Hitze 20 Minuten köcheln lassen, dann den Herd ausschalten und das Pap noch 10 Minuten darauf quellen lassen.

Zwiebeln und Knoblauch schälen, beides sehr fein hacken. Die Tomaten mit kochendem Wasser überbrühen und häuten, dann würfeln. Das Kürbisfleisch klein würfeln. Die Chilischote längs aufschneiden, entkernen und fein hacken. Die Korianderblättchen abzupfen und ebenfalls fein hacken.

In einem Topf etwas Speiseöl erhitzen, Zwiebeln, Chilischote und Knoblauch darin goldbraun anbraten. Dann das Tomatenmark hinzugeben und kurz mitbraten. Mit dem Apfelessig ablöschen und sofort Tomaten und Kürbis hinzugeben. Kurz mitrösten, dann die Hitze reduzieren. Kurkuma und Zucker zugeben, mit Salz und Pfeffer würzen und alles 30 Minuten köcheln lassen, dabei immer wieder umrühren. Zum Schluss den Koriander unterrühren.

Zum Verzehr nimmt man jeweils etwas Mielie-Pap mit den Fingern, formt daraus ein Kügelchen, drückt es zu einem Plättchen flach und stippt damit die Sauce.

Streifzüge durch die Wildnis – der Etosha-Nationalpark

Endlich ist es so weit: Wir brechen zur ersten von zwei Fahrten durch den Etosha-Nationalpark auf. Auch wenn wir auf unseren schier endlosen Fahrten kreuz und quer durch Namibia immer wieder Strauße, Zebras, Warzenschweine und Paviane, außerdem eine unüberschaubare Zahl verschiedener Antilopen sowie ein paar Giraffen gesehen haben, so fiebern wir doch den Begegnungen mit den Königen der afrikanischen Wildnis entgegen. Vier der Big Five sind im Etosha-Nationalpark heimisch, Löwen, Elefanten, Nashörner und Leoparden. Lediglich Büffel gibt es hier nicht. Ihnen ist es im größten Teil Namibias zu trocken, weshalb man sie nur im Caprivizipfel antrifft. Das gilt auch für Krokodile und Flusspferde, die natürlich mit Wüste und Steppe nichts anzufangen wissen.

Doch nicht nur die vier Vertreter der Big Five machen den Etosha-Nationalpark zu einem Eldorado für Tierfreunde. Hier leben mehr als hundert verschiedene Säugetierarten, darunter Wüstenluchse und Geparden, Schakale, Hyänen und Mangusten. Auch das bemerkenswerte Pangolin, das Schuppentier, findet hier noch ein Refugium. Es gilt als extrem gefährdet, weil es bei Gefahr nicht wegläuft, sondern sich zusammenrollt und deshalb von Menschen einfach aufgesammelt werden kann. In Asien wird sein Fleisch als Delikatesse geschätzt, seinen Schuppen wird dort eine Heilkraft zugeschrieben. Deshalb ist das Schuppentier eine der meistgehandelten Tierarten der Welt. Es ist ein äußerst lukratives Geschäft, Pangoline zu fangen und nach Asien zu schmuggeln.

Natürlich bietet der Etosha-Nationalpark auch Lebensraum für Giraffen, Zebras und die verschiedensten Antilopen, die hier noch in großen Herden anzutreffen sind. Doch was heißt noch? Zu Beginn des 20. Jahrhunderts gab es all diese Tiere auch hier so gut wie nicht mehr. Die hemmungslos betriebene Großwildjagd hatte fast zur völligen Ausrottung des ehemals so reichen Tierbestands geführt. Die riesigen Antilopenherden waren verschwunden, und schon seit 1880 gab es in der Etosha-Region keine Elefanten mehr. Dass es nicht noch schlimmer kam, ist Friedrich von Lindequist zu verdanken, der 1905 die Nachfolge des unsäglichen Lothar von Trotha als Gouverneur Deutsch-Südwestafrikas antrat. Er ließ drei Landesteile der Kolonie, die zusammen ein fast 100.000 Quadratkilometer großes Terrain umfassten, als Schutzgebiete ausweisen, um dem Wildbestand eine Chance zur Erholung zu geben. Diese Gebiete erstreckten sich über die Namib im Süden sowie über die Landschaft nördlich von Grootfontein, die Etosha-Pfanne und das Kaokoveld bis zur Skelettküste im Westen und den Fluss Kunene im Norden.

Unter der südafrikanischen Verwaltung wurden die Schutzgebiete verkleinert, um Platz für Homelands und weitere Farmen zu schaffen. Nur das Gebiet um die Etosha-Pfanne erhielt 1964 den Status eines Nationalparks, der allerdings lediglich eine Fläche von gut 22.000 Quadratkilometern umfasste. In der längsten Ost-Westausdehnung sind das 295, in südwestlicher Richtung 110 Kilometer, damit ist der Park immerhin noch etwas größer als das Bundesland Hessen. 1974 wurde das Schutzgebiet komplett umzäunt, um Konflikte zwischen den Wildtieren und den Siedlern der Umgebung zu beenden.

Rund 1.700 Kilometer beträgt die Länge dieser gigantischen Zaunanlage.

Doch schnitt der Zaun auch die Wege der Tiere zum ganzjährig wasserführenden Kunene ab. Während sich in der Regenzeit zahlreiche Tümpel im Nationalpark mit Wasser füllen und bei ergiebigen Niederschlägen sogar die 5.000 Quadratkilometer große Etosha-Pfanne, wird das Wasser in den trockenen Monaten knapp. Man hat deshalb zusätzlich zu den etwas mehr als 50 natürlichen Wasserlöchern des Parks auch einige künstliche angelegt, damit die Tiere rund ums Jahr mit Wasser versorgt sind. Ständige Patrouillen von Wildhütern sorgen außerdem dafür, dass es hier fast keine Wilderei mehr gibt. Der Etosha-Nationalpark ist deshalb nicht nur eines der ältesten, sondern auch eines der artenreichsten Schutzgebiete von ganz Afrika. 1965 hat man wieder Elefanten angesiedelt, ihr Bestand liegt heute bei etwa 2.500 Tieren. Es gibt rund 300 Löwen, 3.000 Giraffen und an die 5.000 Berg- und Streifenzebras. Nur an wenigen anderen Orten Afrikas kann man so viele Arten von Großwild in ihrer natürlichen Umgebung beobachten.

Doch wie findet man die Tiere in diesem riesigen Gebiet? Am leichtesten gelingt das während der trockenen Monate. An den Wasserstellen versammeln sich dann immer einige Arten, und so ist es kein Wunder, dass wir gleich nach unserer Einfahrt durch das Andersson-Tor im Süden des Parks die erste Giraffe und das erste Zebra an einem Wasserloch bewundern können. Es gibt insgesamt vier Zufahrtstore zum Nationalpark, die von Sonnenaufgang bis Sonnenuntergang geöffnet sind. Hier entrichtet man die Zufahrtsgebühr und lässt sich registrieren. Außerdem wird man über die Vorschriften informiert, zum Beispiel, dass man keine Haustiere mitbringen darf und natürlich auch keinerlei Waffen. Aus naheliegenden Gründen ist das Verlassen des Fahrzeugs während der Durchfahrt unter keinen Umständen erlaubt. Es gibt im Park zwei ehemalige Militärstationen aus der deutschen Kolonialzeit, außerdem sechs Beherbergungsbetriebe für Touristen, dort findet man gesicherte Toiletten und Einkaufsmöglichkeiten. Vier der Übernachtungscamps haben eine beleuchtete Wasserstelle, denn viele Tiere sind nachtaktiv und lassen sich bei Dunkelheit besonders gut beobachten. Vereinzelt werden auch geführte Nachtfahrten durch den Park angeboten, Selbstfahrer müssen dessen Pads allerdings spätestens bei Einbruch der Abenddämmerung verlassen.

Bei unseren beiden Erkundungstouren haben wir uns erfahrenen Führern anvertraut. Das hat den Vorteil, dass diese die Stellen kennen, an denen sich Tiere am verlässlichsten blicken lassen, und dass ihren geschulten Augen auch eine im Gehölz versteckte Raubkatze nicht so leicht entgeht. Den Geparden, der in einiger Entfernung von der Straße unter einem Dornbusch vor sich hindöste, hätten wir ohne unseren Guide niemals entdeckt. Hilfreich ist auch, dass die Guides im Etosha-Nationalpark über eine WhatsApp-Gruppe miteinander kommunizieren und sich gegenseitig informieren, wenn sie ein besonderes Tier gesichtet haben.

Dieser Zusammenarbeit verdanken wir es, dass wir schon bald am Rand eines weitläufigen Grasfelds eine Löwenfamilie gleich neben der Pad bestaunen können. Es handelt sich um drei Löwinnen mit mehreren Jungen, die sich im Schatten eines Gehölzes räkeln und völlig unbeeindruckt von unseren Kameraobjektiven sind, die wir im Rausch der Begeisterung auf sie richten. Die Tiere sind an Touristen gewöhnt, alljährlich zählt der Park um die 200.000 Besucher. Gelangweilt erhebt sich eine der Löwinnen und schreitet majestätisch vor uns über die Straße. Ein Stück entfernt können wir auf der anderen

Seite das blutige Gerippe eines Beutetiers ausmachen, an dem sich die Löwen vermutlich erst vor Kurzem gesättigt haben.

Die Löwin schaut kurz nach dem Rechten und lässt sich dann mit einigem Abstand von der Beute auf der Ebene nieder. Ihre scheinbare Gelassenheit ist nur vorgetäuscht, denn in Wirklichkeit ist sie auf der Hut. Von uns zunächst unbemerkt hat sich nämlich eine Fleckenhyäne genähert. Sie fläzt sich jetzt in den Staub, wälzt sich ein paar Mal herum und bedenkt uns dann mit einem herablassenden Blick. Doch auch ihre Coolness ist nur gespielt, sie beobachtet die Löwin nämlich ganz genau. Die Spannung zwischen den beiden Raubtieren ist deutlich zu spüren. Nicht auszudenken, würde eines von ihnen jetzt auch nur einen Schritt in die falsche Richtung machen!

Doch solche Auseinandersetzungen kosten Energie, und die Tiere sind nicht dumm. Sie wägen ihre Möglichkeiten sorgsam ab, überflüssigen Konflikten gehen sie tunlichst aus dem Weg. Am nächsten Tag haben wir die Gelegenheit, ein bemerkenswertes Schauspiel zwischen verschiedenen Tierarten zu beobachten. An einem großen Wasserloch haben sich ein paar Warzenschweine, Springböcke, Impalas und Kudus zusammengefunden. Am Rand des Wassers liegt ein Schakal und genießt die noch wohltuende Wärme der Morgensonne.

Doch plötzlich kommt Bewegung in die friedliche Idylle. Verschreckt heben die Springböcke ihre Köpfe, und schon sprinten sie mit eleganten Sätzen davon. Auch die anderen ziehen sich nun vom Wasserloch zurück. Als letzter erhebt sich der Schakal, legt die Ohren an und weicht – ob der Störung sichtlich konsterniert – ein Stück vom Wasser zurück. Und endlich erkennen wir die Ursache der Aufregung: Gemessenen Schrittes nähert sich aus dem Unterholz eine große Hyäne. Fast scheint es, als genösse sie ihren Auftritt, wie ein gefürchteter Despot, vor dem die Untertanen kuschen. Langsam, langsam nähert sie sich dem Wasserloch, tapst ein kurzes Stück hinein und stillt ihren Durst. Doch hatten die anderen Tiere darauf gehofft, sie würde danach alsbald wieder das Weite suchen, so täuschen sie sich. Denn mit einem Mal setzt sich die Hyäne mit ihrem Hinterteil mitten hinein ins Wasser. Sitzt dort und bewegt sich keinen Millimeter mehr von der Stelle. Mit breit gespreizten Vorderläufen genießt sie in aller Seelenruhe ihr morgendliches Erfrischungsbad. Was nun?

Der erste, der sich zurücktraut, ist ein Impalabock. Skeptisch wirft er immer wieder einen Blick hinüber zu der Badenden. Doch als diese sich nicht rührt, setzt er seinen Weg fort, dicht vorbei an der Gefahrenzone. Dann, ganz nah bei der Hyäne, bleibt er stehen. Die Blicke der beiden begegnen sich dann und wann, als wolle die Hyäne ihm verdeutlichen, dass sie durchaus bemerkt, was hier vor sich geht. Handelt es sich um eine Mutprobe auf Impala-Art? Das Geschehen zeigt Wirkung, denn auch die anderen kommen nach und nach zurück, die Kudus, die Springböcke und in sicherem Anstand auch die Warzenschweine. Keiner von ihnen lässt allerdings die Hyäne dabei wirklich aus den Augen.

Wenn es sich hier tatsächlich um eine Mutprobe handelt, dann steht der Sieger fest. Es ist der Schakal, der sich inzwischen nicht nur zurückgetraut hat. Nein, er hat seinen alten Platz wieder eingenommen und liegt am Rand der Wasserstelle in der Sonne – nur gut zwei Körperlängen von der Hyäne entfernt.

Das war nur eines der faszinierenden Schauspiele, die uns die Tiere im Etosha-Nationalpark geboten haben. In den frühen Morgenstunden erblickten wir mehrere Löwinnen und einen stattlichen Löwen, die sich an einer Wasserstelle tummelten. Eine junge Löwin umschmeichelte den Alten ohne Unterlass, rieb sich an seinem Fell und folgte ihm auf Schritt und Tritt. Dem Alten ging die aufdringliche Flirterei sichtlich auf die Nerven, und wenn es ihm zu bunt wurde, versuchte er, sie mit einem unmissverständlichen Fletschen seines gewaltigen Gebisses in die Schranken zu weisen. Allein, die Dame ließ nicht locker. Schließlich erhob sich der Alte und begab sich mit würdevoller Gelassenheit zu der kleinen Brücke, über die die Pad hier führte. Dort suchte er Schatten, denn inzwischen stieg die Sonne höher, und vielleicht hoffte er auch, seine lästige Verehrerin endlich loszuwerden. Zumindest dieser letzte Plan misslang gründlich. Doch sein Leid wurde uns zum Glück, denn wir hatten gleich neben der Brücke gehalten. So konnten wir die verliebte Löwin und ihr unwilliges Objekt der Begierde aus allernächster Nähe beobachten und dabei natürlich auch ausgiebig ablichten.

An den Wasserlöchern haben wir Marabus und Geier gesehen, eine ganze Zebraherde und Giraffen, die sich mit gespreizten Beinen und ängstlichen Blicken zum Nass hinabbeugten. Nur in diesem Moment sind die schlanken Riesen nämlich wirklich in Gefahr, zu allen anderen Zeiten können ihnen die Räuber der Steppe nichts anhaben. Genauso wenig wie den Nashörnern, die wir mehrfach im Gebüsch erspähten, und natürlich auch den Elefanten. In der Ferne sahen wir eine Herde, überragt von einem mächtigen Bullen. Mehrfach standen die Dickhäuter gleich neben der Straße und zupften desinteressiert am spärlichen Grün herum. Nur einer von ihnen widmete uns seine Aufmerksamkeit: Ein Kleinkind, vermutlich erst wenige Tage alt, trat aus dem Schatten seiner Mutter und baute sich gleich neben unserem Fahrzeug auf. Dort begann es, sichtlich vergnügt von einem Bein aufs andere zu tändeln und trug dabei ein schalkhaftes Lächeln in seinem kindlichen Elefantengesicht. Es schien ganz so, als wollte es uns eine kleine Showeinlage bieten, und unsere entzückten

Jauchzer mögen ihm den Erfolg seiner Darbietung bestätigt haben. Für uns war das Elefantenbaby der unumstrittene Star im Nationalpark!

Als wir die Etosha-Pfanne erreichten, konnten wir an einem dafür reservierten Platz aussteigen und in Ruhe einen Blick auf die unter der Sonne flirrende Weite werfen. „Großer weißer Platz“ bedeutet das Oshivambo-Wort „Etosha“. Es ist sogar ein unglaublich großer weißer Platz, er misst bis zu 120 Kilometer in ost-westlicher Richtung und 55 Kilometer von Nord nach Süd. Die gesamte riesige Senke überzieht eine salzige Kruste auf bleich-grünlichem Lehm. Vor einigen Millionen Jahren gab es hier noch einen Binnensee, den mehrere Zuflüsse speisten. Doch diese sind längst versiegt, und es müssen schon erhebliche Regenfälle herabkommen, bis sich wieder Wasser in der gigantischen Salzpfanne sammeln kann. Doch wenn es so weit ist, finden sich hier tausende von Flamingos und anderen Wasservögeln ein.

Weil sich das Salz des Bodens löst, ist der Salzgehalt des Etosha-Wassers doppelt so hoch wie der des Meerwassers. Dieser extreme Salzgehalt ist auch dafür verantwortlich, dass im Bereich der Etosha-Pfanne nur besonders salzresistente Gräser wachsen können, die wiederum eine wichtige Nahrungsquelle für Zebras und Antilopen darstellen. Doch kein Lebewesen wagt sich weit in die ausgetrocknete Pfanne hinein, denn ohne jegliches Wasser ist dort nichts als ein Ort des Todes. Die einzige Ausnahme bilden die zähen Oryxantilopen, denen tagelange Durststrecken nichts anhaben können. Und Stanley Kubrick, der hier monumentale Aufnahmen für seinen Klassiker „2001: Odyssee im Weltraum“ drehte.

Eine Zebraherde wandert gemächlich am Rand der Etosha-Pfanne entlang, hundert Tiere und mehr in einer schier endlosen Reihe wie im Gänsemarsch. Ein paar Strauße traben durch die Steppe, an einer kleinen Anhöhe grasen Gnus, und auf einem einsamen Kameldornbaum thront ein Raubadler. Im Dornengebüsch haben wir einen Gelbschnabeltoko entdeckt, seinem langen, gebogenen Schnabel verdankt er den Beinamen „Bananenvogel". Neben den Säugetieren lassen sich nämlich auch mehr als 300 Vogelarten im Etosha-Nationalpark beobachten. Es braucht nur wenig Geduld und ein scharfes Auge, um mit dem Anblick all dieser Tiere beschenkt zu werden.

Welch unschätzbaren Wert dieses Refugium darstellt, ist dem namibischen Staat sehr bewusst. Auch einige private Farmen und Schutzgebiete in der Umgebung des Etosha-Nationalparks setzen sich für das Projekt ein. Es wird sogar darüber nachgedacht, den Nationalpark in Zukunft zu vergrößern, wobei die ursprüngliche Ausdehnung der einst durch Friedrich von Lindequist entstandenen Schutzgebiete sogar noch übertroffen werden soll. Die neue Schutzzone wird zunächst vom Etosha-Nationalpark über das Kaokoveld bis zum Nationalpark an der Skelettküste reichen. Dieser Namib-Skelettküste-Nationalpark erstreckt sich entlang der gesamten Küste Namibias und ist mit einer Fläche von mehr als 100.000 Quadratkilometern schon jetzt das achtgrößte Schutzgebiet der Welt. Durch den Zusammenschluss der Nationalparks soll Namibia in Zukunft ein Naturschutzgebiet von einzigartiger Größe erhalten. Und es gibt sogar Überlegungen, Gruppen von San in dieses Konzept mit einzubeziehen und ihnen die Möglichkeit zu bieten, sich im Schutzraum anzusiedeln und ihrer traditionellen Lebensweise nachzugehen. Klingt das nicht fast zu schön, um wahr zu sein?

Etosha-Pfanne mit Amarula-Sauce

Zutaten für 4 Personen:

1.000 g Antilopenfilet *
200 ml Wildfond
3 kg grobes Salz
240 g Frischkäse
6 Eiweiß
4 Maiskolben
1 Schalotte
40 g Butter
200 g Crème fraîche
100 ml Amarula-Likör
1 gelbe Chilischote
2 El Tomatenmark
1 Tl Koriandersamen
1 Tl Curry
Salz
Pfeffer

* (alternativ: Roastbeef, Rehrücken oder Lammfilet)

Zubereitung:

Das Fleisch ringsum pfeffern. Die Eiweiße sehr steif schlagen und mit dem groben Salz vermischen. Eine 2 cm dicke Salzschicht in eine nicht zu große ofenfeste Pfanne geben, das Fleisch darauflegen und mit dem restlichen Salz dick einhüllen. Den Backofen auf 220° C vorheizen und die Pfanne hineinstellen. Nach 15 Minuten die Temperatur auf 160° C reduzieren und das Fleisch 40 Minuten weiterbacken.

Den Frischkäse mit Koriandersamen und Curry vermischen, pfeffern und salzen. Die Maiskolben ringsum damit bestreichen, in eine Auflaufform legen und nach der Reduzierung der Backtemperatur auf 160° C für die letzten 40 Minuten mit in den Backofen stellen.

Die Schalotte schälen, die Chilischote längs aufschneiden und die Kerne entfernen. Dann beides sehr fein hacken. Die Butter in einer Pfanne zerlassen, Schalotten und Chili darin goldbraun anrösten. Nun das Tomatenmark hinzugeben und kurz mitrösten. Mit dem Amarula-Likör und dem Fond ablöschen. Bei mittlerer Hitze um die Hälfte einreduzieren lassen, dann die Crème fraîche hinzugeben, kurz aufkochen und mit Salz und Pfeffer abschmecken.

Das Fleisch nach Ende der Backzeit aus dem Ofen nehmen und 8 Minuten ruhen lassen. Dann die Salzkruste aufbrechen, das Fleisch herausnehmen, in Scheiben schneiden und mit Mais und Amarula-Sauce servieren.

Im Reich des Wassers – ein Ausflug in den Caprivizipfel

Größer könnten die Gegensätze nicht sein. Eben erst haben wir die endlose Trockenheit der Steppe hinter uns gelassen, und mit einem Mal finden wir uns im satten Grün tropischer Vegetation. Träge dümpelt der Fluss Okavango durch das flache Land. Hie und da teilt er sich und umarmt flache Inseln, zerfasert sich in kleine bis kleinste Verästelungen und umschlingt damit üppige Auen. Er mäandert durch Wiesen aus Schilf, dann wieder dehnt er sich zu einem breiten Strom, der sich müde unter der drückenden Schwüle dahinwälzt.

Der Okavango ist nur einer der Flüsse im Caprivizipfel. Er durchquert ihn auf einem rund 50 Kilometer langen Teil seines Wegs zwischen Angola im Norden und Botswana im Süden, nachdem er zuvor den Grenzverlauf zwischen Namibia und Angola markiert hat. Noch einmal 100 Kilometer weiter wird er dann in seinem Binnendelta in Botswana versiegen.

In einem grob behauenen Einbaum ist ein Mann auf den Fluss hinausgepaddelt. Still sitzt er nun und wartet, die Angelrute in der Hand. Am Ufer beugen sich ein paar Frauen über das blau schimmernde Wasser und waschen bunte Kleidungsstücke darin aus. Es ist ein friedliches Bild, Alltagsleben am großen, langmütigen Fluss.

Doch die Idylle trügt. Nur 50 Meter von den Waschfrauen entfernt liegt ein Krokodil am Ufer, platt, scheinbar völlig phlegmatisch, und es ist so lang wie zwei erwachsene Menschen. Es handelt sich um ein Nilkrokodil, doch dieser Name passt nicht so ganz, denn die Tiere sind in fast ganz Afrika verbreitet. Als größte Krokodile des Kontinents können sie gut und gerne vier Meter lang werden.

„Ist das denn nicht gefährlich", frage ich Ngunoue, den Guide, mit dem wir uns auf eine Flussfahrt über den Okavango begeben haben. „Ach, nein", tut Ngunoue meine Sorge unbekümmert ab. „Das Krokodil ist satt, wenn man ihm nicht zu nahekommt, wird nichts passieren." Tatsächlich gehen Krokodile am liebsten während der Nacht auf Jagd. Und sie schlagen ihre Opfer nicht vom Ufer aus, sondern begeben sich dazu ins Wasser. Nur mit Augen und Nasenlöchern über dessen Oberfläche liegen sie auf der Lauer, und ihre Lieblingsspeise sind Fische. Doch sie verschmähen auch ein größeres Beutetier nicht, ein junges Zebra, dass sich zum Trinken ans Ufer gewagt hat, eine Antilope oder ein Stachelschwein. „Manchmal töten sie auch eine Ziege oder ein Kalb", erzählt Ngunoue. „Die Leute, die hier leben, sind deshalb nicht unbedingt begeistert. Die Armut in der Sambesi-Region ist groß."

Sambesi-Region lautet seit 2013 der offizielle Name des Caprivizipfels, die Namensänderung ist einer von vielen kleinen Schritten des modernen Namibias, sich vom kolonialen Ballast zu befreien. Der schmale Streifen namibischen Territoriums im Nordosten des Landes reicht nämlich bis zum Fluss Sambesi, dessen Verlauf die östliche Landesgrenze nach Sambia bestimmt. Vom östlichsten Punkt Namibias fährt man mit dem Auto nur noch eine gute Stunde bis zu den Viktoriafällen, weshalb viele Reisende die Gelegenheit für einen Abstecher nutzen, wenn sie schon einmal bis hierher gekommen sind.

Der Tourismus in der Sambesi-Region hat in den letzten Jahren immer mehr zugelegt. Es entstehen neue Lodges, und

Tourenangebote locken die Reisenden zur Erkundung dieses Gebiets, das bis vor wenigen Jahren noch ziemlich weit unten auf der Bucket List der Weltenbummler stand. Grund dafür war der schreckliche Bürgerkrieg, der bis 2002 jenseits der Grenze in Angola tobte. Und bis heute beeinträchtigen die Abgeschiedenheit der Region und ihre schlechte Zugänglichkeit das Reisen. Viele Straßen sind während der Regenzeit fast unpassierbar, und auch in den trockenen Monaten braucht man ein Allradfahrzeug, gute Nerven und gefüllte Reservekanister für alle Fälle, denn auf sandigen oder sumpfigen Pisten steigt der Verbrauch des Gefährts ins Unermessliche. Zumindest der 500 Kilometer lange Trans-Caprivi-Highway bietet eine Teerdecke, er reicht bis zur Stadt Katima Mulilo im Vierländereck zwischen Sambia, Simbabwe, Botswana und Namibia.

Katima Mulilo ist mit etwa 30.000 Einwohnern die einzige größere Stadt in der ganzen Sambesi-Region. Doch vielerorts zeugen ursprüngliche Dörfer davon, dass das Gebiet allen Hindernissen zum Trotz besiedelt ist. Hier herrschen tropische Bedingungen, es ist drückend heiß und der Regen kann zu Zeiten schier sintflutartige Ausmaße annehmen. Die eben noch ruhig plätschernden Flüsse verwandeln sich dann urplötzlich in reißende Ströme. Hinzu kommt die nicht unbeträchtliche Gefahr einer Malariainfektion, denn große Teile des Gebiets sind sumpfig und bieten den Mücken damit optimale Lebensbedingungen.

Jedoch machen die hohe Feuchtigkeit und das Schwemmland der Flüsse die Sambesi-Region auch zu einem sehr fruchtbaren Gebiet. Deshalb gehört sie zu den wildreichsten Teilen Namibias. Es gibt große Büffel- und Elefantenherden, Raubtiere wie Löwen, Wildhunde und Hyänen, seltene Antilopen, zahllose Reptilien und Insekten sowie rund 400 verschiedene Vogelarten. Große Teile der Region sind als Naturschutzgebiete ausgewiesen, dazu gehört auch das Kvango-Sambesi-Schutzgebiet, das sich länderübergreifend über Namibia, Sambia, Botswana, Simbabwe und Angola erstreckt. Im Zuge dieses Projekts wurden die Grenzzäune abgerissen, denn den Elefanten der Region soll die freie Bewegung in ihrem ursprünglichen Lebensraum ermöglicht werden.

Wenn es auch noch so viele Tiere in der Sambesi-Region gibt, so sieht man sie hier doch nicht so leicht wie zum Beispiel im Etosha-Nationalpark. In der dichten Vegetation des Dschungels sind sie nämlich recht gut versteckt, nur selten lassen sie sich in der Nähe der schwer befahrbaren Pads erspähen. Eine Safari beginnt hier deshalb zumeist am Bootssteg. Auf einigen der Gewässer werden Touren für Touristen angeboten, das Spektrum reicht von der Gruppenfahrt im Ausflugsschiff bis hin zur abenteuerlichen Paddeltour im Einbaum für die mutigsten unter den Gästen. Mit etwas Glück erlebt man während der Flussfahrt, wie eine Büffelherde zum Trinken ans Ufer kommt, vielleicht sieht man sogar eine Gruppe von Elefanten, die auf ihrem Weg den Fluss durchqueren.

Weniger rar machen sich die Krokodile und Flusspferde, von denen die Gewässer dieser Region geradezu wimmeln. Deshalb ist es auch nicht verwunderlich, dass wir gleich zu Beginn das erste Krokodil am Ufer bestaunen können. Wir werden noch etliche sehen, teils im Wasser, teils gut versteckt im Schilf. Umso mehr wundere ich mich über den einsamen Angler im Einbaum, und mir ist es unbegreiflich, wie man sich auf solch ein Wagnis einlassen kann. „Greifen die Krokodile den Fischer denn nicht an?", frage ich Ngunoue mit besorgtem Blick auf den Mann.

„Ach was," winkt Ngunoue ab. „Das Boot passt nicht in deren Beuteschema. Deshalb werden sie ihm nichts tun." Doch dann zieht er die Brauen hoch. „Naja", räumt er ein, „so ganz ungefährlich ist es natürlich nicht. Die Krokodile interessieren sich zwar normalerweise nicht für ihn, so lange er im Boot bleibt. Anders sieht es da mit den Flusspferden aus." Während er spricht, weist er ein Stück weit voraus. Und tatsächlich, dort, in vielleicht 200 Metern Entfernung, ragen ein paar Wölbungen aus dem Wasser. Es sind die Rücken und die wulstigen Nacken von Flusspferden, und durchs Teleobjektiv erkenne ich auch ihre kleinen spitzen Ohren und die hervorgewölbten Augen.

„Nachts kommen sie aus dem Wasser und gehen zum Weiden", erläutert Ngunoue derweil. „Aber am Morgen, wenn es wärmer wird, ziehen sie sich wieder in den Fluss zurück. Man muss gut auf der Hut sein und darf ihnen nicht zu nahekommen. Da verstehen sie nämlich überhaupt keinen Spaß."

Flusspferde sind tatsächlich die gefährlichsten Tiere in Afrika, ihren Attacken werden mehr Todesfälle zugeschrieben als Angriffen durch Krokodile oder Raubkatzen. Sie sind ziemlich aggressiv, vor allem Mütter mit Jungtieren fackeln nicht lange, wenn sie sich belästigt fühlen. Man sollte den Tieren deshalb tunlichst fernbleiben. Mögen sie auch noch so behäbig aussehen, so können sie doch gerade an Land eine beachtliche Geschwindigkeit entwickeln. Es gibt im Caprivizipfel Lodges, die nicht umzäunt sind und wo Flusspferde nachts zwischen den Hütten herumstreifen. Dort sollte man unter keinen Umständen unaufmerksam sein.

„Würde der Mann mit seinem Einbaumkanu den Flusspferden in die Quere kommen, dann könnte es schnell passieren, dass sie sein kleines Boot zum Kentern bringen," fährt Ngunoue fort. „Wenn er dann ins Wasser geplumpst ist, lassen sie ihn zwar in Ruhe. Aber wehe, wenn ein Krokodil in der Nähe ist." Ngunoue hebt die Stimme und setzt seine Schaudergeschichte mit theatralisch geweiteten Augen fort. „Das

Krokodil könnte ihn alsbald packen und unter Wasser ziehen. Krokodile töten nämlich, indem sie ihre Opfer ertränken. Und wenn ein Krokodil erst mal zugepackt hat, dann gibt es kein Entkommen mehr."

Umso größer ist mein Respekt, als wir uns den Flusspferden allmählich nähern. Auch einem größeren Boot könnten sie durchaus gefährlich werden, unser Kapitän achtet deshalb auf gebührenden Abstand.

„Während der Regenzeit kann sich der friedliche Okavango in ein wildes Tier verwandeln," vernehme ich Ngunoues Stimme, während ich noch mit skeptischen Blicken die Oberfläche des gemächlich dahinströmenden Wassers absuche. „Doch in den schlimmen Trockenperioden, die wir während der letzten Jahre erlebt haben, schrumpft er erheblich zusammen. Er verkommt zu einem Rinnsal, manche Arme fallen völlig trocken, nur in wenigen Mulden bleibt noch Wasser zurück."

Diese Trockenheit ist ein großes Problem für Flusspferde und Krokodile, und an den kleineren Gewässern der Region sind die Auswirkungen noch deutlich gravierender. „Krokodile graben sich Löcher an den steileren Uferabschnitten", weiß Ngunoue. „Darin buddeln sie sich ein, und für eine Weile schaffen sie es so, die Dürre zu überstehen. Aber Flusspferde können das nicht." Das namibische Umweltministerium hat deshalb einen Brunnen gebohrt, als der Fluss Chobe trockenfiel und ein in seinem Bett verbliebener Teich zum Sumpfloch schrumpfte. Denn dort saßen an die siebzig Flusspferde buchstäblich auf dem Trockenen. Mithilfe einer kräftigen Pumpe gelang es, das Loch wieder in einen kleinen See zu verwandeln. Nutznießer waren neben den Flusspferden natürlich auch die anderen Wildtiere im Umland.

„Es ist gut, dass jetzt so viel für den Tierschutz getan wird", bemerkt Ngunoue später, als wir bei den Popafällen an Land gegangen sind. Der Okavango kreuzt den Caprivizipfel nämlich nicht überall so träge, wie wir ihn zu Beginn unserer Flussfahrt mit Ngunoue erlebten. Auf halbem Weg der Strecke sorgt er für ein bisschen Spektakel und zeigt, dass doch noch mehr in ihm steckt, als wir zunächst vermutet haben. Er rauscht mit einer Breite von einem Kilometer die Popafälle hinab und veranstaltet dabei ein ziemliches Getöse. Und das, obwohl die Popafälle eigentlich kaum der Rede wert sind. Die Fallhöhe beträgt nämlich nur bescheidene vier Meter, und diese überwindet der Fluss auch noch in einer Vielzahl kleinerer Stufen.

Zumindest genügt die Unruhe dieser Fälle, um Krokodile und Flusspferde fernzuhalten. Die mögen das rauschende Wasser nämlich gar nicht, deshalb kann man sich hier ohne Bedenken dem Flussufer nähern. Wir haben dort Platz genommen und genießen die für Namibia so seltenen Wasserspiele, während Ngunoue seine Ausführungen über die Situation im Caprivizipfel fortführt.

„Es ist auch gut, dass die Grenzzäune entfernt wurden und die Tiere sich wieder frei bewegen können. Für die Menschen, die hier leben, bringt der Naturschutz allerdings Probleme mit sich.“ Vielerorts wurde nämlich die Viehhaltung verboten, erklärt Ngunoue uns. Die Menschen sollen stattdessen ein Auskommen im Tourismus finden. „Aber so viele Jobs gibt es einfach noch nicht. Manche Leute schneiden Schilf, mit dem anderswo in Namibia Reetdächer gedeckt werden. Doch reich wird man auch davon nicht. Die meisten leben hier deshalb in äußerster Armut. Und nirgends in Namibia ist die Prozentzahl der AIDS-Infizierten so hoch wie hier. Es gibt neben dem kleinen Krankenhaus in Katima Mulilo nur vereinzelt ärztliche Versorgung. Oder man muss raus bis nach Rundu fahren.“

Rundu, die mit knapp 80.000 Einwohnern zweitgrößte Stadt Namibias, ist so etwas wie das Tor zum Caprivizipfel. Dank der Fertigstellung des Trans-Caprivi-Highways und wegen des in den letzten Jahren zunehmenden Tourismus erlebt die Stadt einen regelrechten Boom, sie wächst ständig. Seit dem 16. Jahrhundert ist diese Region Heimat der Kavango, einem von Ackerbau und Fischerei lebenden Volk. Die Kavango tun sich besonders durch ihre kunstvollen Holzschnitzereien hervor, die sie auch anderenorts in Namibia anbieten. Die Mbunza, die zu den fünf Stämmen der Kavango gehören, unterhalten 14 Kilometer westlich der Stadt ein Lebendes Museum. Ein weiteres Lebendes Museum gibt es beim Volk der Mafwe im von Mäanderschleifen durchzogenen Uferland des Flusses Kwando weiter östlich im Caprivizipfel. Und auch die Damara betreiben übrigens eine solche Einrichtung bei Twyfelfontein im Westen Namibias, einem Ort, der durch tausende von steinzeitlichen Felsritzungen und -malereien bekannt geworden ist. Wer sich für die traditionelle Lebensweise in Namibia interessiert, sollte sich die Lebenden Museen auf keinen Fall entgehen lassen.

„Die Krokodile wären im letzten Jahrhundert beinahe ausgestorben", erzählt Ngunoue, als wir auf der Rückfahrt wieder einige Exemplare im Wasser des Okavango beobachten. Er wirft mir einen spöttischen Seitenblick zu. „Bei den Damen der westlichen Welt galten Handtaschen aus Krokodilleder damals nämlich als der letzte Schrei." Ich nicke, denn ich erinnere mich gut, wie stolz meine Mutter auf ihre Krokohandtasche war. Das habe ich allerdings schon als Kind nicht nachvollziehen können. „Seit den Achtzigerjahren stehen die Krokodile unter Schutz, und schon 1997 konnten sie von der Liste der bedrohten Arten gestrichen werden. Allerdings gibt es noch immer längst nicht so viele Krokodile wie früher."

Inzwischen haben wir den Ausgangspunkt unserer Flussfahrt wieder erreicht. „Und weil es weniger Krokodile gibt, ist es hier für die Menschen auch nicht mehr so gefährlich", meint Ngunoue.

Ich schaue hinüber zu dem Fischer, dessen Einbaum noch immer auf dem Wasser dümpelt. Das Krokodil, das am Ufer lag, ist nicht mehr zu sehen. Hoffentlich, so denke ich, wissen die beiden das auch.

Bobotie – ein Auflauf aus Hackfleisch und Gemüse

Zutaten für 4 Personen:

600 g Hackfleisch *
400 g Fleisch vom Gem-Squash-Kürbis **
2 Zwiebeln
2 Knoblauchzehen
3 Eier
150 ml Milch
2 Scheiben Toastbrot
50 g getrocknete oder 150 g frische Aprikosen (ohne Stein)

50 g Rosinen
50 g gestiftete Mandeln
4 El Mango-Chutney
2 El Tomatenmark
20 g frischer Ingwer
Saft von 1 Zitrone
3 Tl scharfer Curry
1 Tl Kurkuma
Erdnussöl
geriebene Muskatnuss
Salz, Pfeffer

* (Hackfleisch von Antilope, Lamm oder Rind)
** (alternativ Zucchini)

Zubereitung:

Zwiebeln und Knoblauch häuten und hacken, Gem Squash und Aprikosen würfeln. Den Ingwer schälen und fein reiben. Die Mandeln in einer Pfanne ohne Fett rösten, bis sie duften. Die Toastscheiben in Milch einweichen, danach gut ausdrücken und die Milch aufbewahren. Das Hackfleisch mit Curry, Kurkuma und dem Toastbrot verkneten, salzen und pfeffern.

In einer Pfanne einen Schuss Öl erhitzen, Zwiebeln, Knoblauch und Gem Squash darin goldbraun anbraten. Das Tomatenmark hinzugeben, kurz mitrösten, dann die Hackfleischmasse dazugeben, mit der Gabel zerdrücken und braten, bis das Fleisch krümelig ist. Vom Herd nehmen und Ingwer, Mango-Chutney, Aprikosen, Rosinen, Mandeln sowie den Zitronensaft gut untermischen.

Die Masse in eine mit Öl eingefettete Auflaufform füllen und leicht zusammendrücken. Die Banane schälen, in Scheiben schneiden und auf dem Auflauf verteilen. Die Eier mit der Milch gut verquirlen, salzen, pfeffern und mit Muskatnuss würzen, dann gleichmäßig über den Auflauf gießen. Den Backofen auf 180°C vorheizen und das Bobotie 30 Minuten lang darin backen.

Dazu mit Safran oder Kräutern gewürzten Reis servieren.

Faszination im Abendlicht – der Sundowner

Als es langsam Abend wird, sind wir durch die Dornbuschsavanne bis zu einem Plateau aus Granitfelsen gefahren. Hier stehen wir nun, unser Platz überragt die endlose Weite einer Ebene unweit der kleinen Gemeinde Omaruru in Erongo, einer der 14 Regionen Namibias. Der Teil Erongos, in dem wir uns hier befinden, liegt im mittleren Westen des Landes und gehört zum ehemaligen Homeland der Damara. Östlich von uns erhebt sich eine Bergkette, und auch im Norden können wir in weiter Entfernung ein Gebirge ausmachen. Es sind gut und gerne 40 Kilometer bis dorthin, und zwischen uns und den Bergen erstreckt sich nichts als die Ebene mit ihrem dichten, dornigen Gestrüpp. Jetzt, kurz vor Beginn der Regenzeit, sind alle Äste ohne Blätter, ein fahles und scheinbar lebloses Gewirr, so als sei die gesamte Ebene ein Totenfeld, bedeckt von zahllosen bleichen Skeletten.

Nach all den fantastischen Landschaften, die wir in den letzten Tagen gesehen haben, bin ich ziemlich enttäuscht. Was soll ich hier? Es war ein anstrengender Tag, könnten wir nicht endlich zu Abend essen, ein bisschen entspannen und dann schlafen gehen? Zugegeben, die verwitterten Granitfelsen auf dem Plateau sind nicht vollkommen unattraktiv. Mit etwas Fantasie lassen sich obskure Fabelwesen darin erkennen, einer wirkt wie ein kleiner Stegosaurus, ein Drache mit dreieckigen

Rückenplatten, und vor ihm ein anderer Saurier, ihm zugewandt im versteinerten Zwiegespräch. Aber wirklich interessant finde ich das heute Abend eigentlich nicht mehr.

Es hilft auch nicht, dass der Farmangestellte, der uns zu diesem Plateau gefahren hat, in die Ferne weist und meint, dort befinde sich eine Zebraherde. Mit Mühe kann ich eine Lichtung im grauen Einerlei der Dornsavanne ausmachen, und ja, dort könnten ein paar Pünktchen sein, die sich bewegen. Doch Zebras kann ich beim besten Willen nicht darin erkennen, dazu ist die Distanz einfach zu groß. Und haben wir in den letzten Tagen nicht schon genug Zebras gesehen?

Wir sind zum Sundowner hierhergekommen, den Tag mit einem Drink bei Sonnenuntergang zu beschließen, ist auf einer Namibiareise Kult. Ungeduldig warte ich darauf, dass ich meinen obligatorischen Gin Tonic bekomme und wir endlich die Rückfahrt antreten können. Doch mit einem Mal, als hätte eine Savannenfee unmerklich ihren Zauberstab geschwungen, wird alles ganz anders. Die Sonne beginnt ihre allabendliche Inszenierung.

Ein grandioses Licht verwandelt die eben noch so trostlose Savanne in einen schillernden Märchenwald. Die versteinerten Saurier scheinen lebendig zu werden. Der kleine Drache blickt nun sehnsuchtsvoll zur untergehenden Sonne, als suche er Trost und Hoffnung in ihren letzten kraftvollen Strahlen. Sie tasten nach ihm, berühren ihn mit goldenem Glanz und krönen ihn für einen magischen Moment zum König der Savanne. Und als die Sonne endlich hinter den Horizont gleitet, da geschieht es: Der westliche Himmel geht in Flammen auf. Er brennt in feurigem Rot, und die ganze Ebene erglüht in seinem Widerschein.

Sonnenuntergänge in Namibia sind von fulminanter Kraft. Es sind verzauberte Momente, wenn sie das Land mit ihrem fantastischen Spektakel in eine dramatische Kulisse verwandeln. Trockenes Gras und dürres Gestrüpp werden zu purem Gold, der sandige Boden mutiert zum leuchtenden Gespinst in einem Wunderland der Fantasie.

Die offene Savanne am Rand der Kalahari östlich von Windhoek, wo wir zu einer weiteren Sundowner-Fahrt aufgebrochen sind, ist eine deutlich schönere Landschaft als die bei Omaruru. Felsige Hügel sorgen für Abwechslung, der orange-rötliche Untergrund bringt Farbe ins Bild. Hohe Bäume rahmen ein Rivier, und vereinzelte Schirmakazien schenken der Landschaft ein typisch afrikanisches Flair. Während der Hinfahrt sehen wir Warzenschweine, Impalas und Oryxantilopen, ein Straußenpärchen, von uns aufgeschreckt, demonstriert, was Geschwindigkeit heißt. Diese größten Vögel der Welt können ein Tempo von 70 Stundenkilometern erreichen, da kommen wir mit unserem Geländewagen auf der holprigen Sandpiste nicht hinterher. Würdevoll schreitet eine Giraffenfamilie durch die Steppe, das Giraffenkind schaut neugierig zu uns herüber. In der Ferne zupft eine Giraffe gemächlich an einer Baumkrone, ein Anblick wie aus dem Afrika-Bilderbuch.

Ein paar Gewitterwolken haben sich am Horizont eingefunden, doch die Sonne lässt sich davon nicht beirren. Im Gegenteil, die Wolken werden zu Statisten, die dem abendlichen Schauspiel mehr Dramatik einzuhauchen wissen. Sie türmen sich zu blaugrauen Unheilsboten, während goldene Strahlen sie umkränzen. Und schließlich ergeben auch sie sich dem flammenden Rot, in dem das Tageslicht verbrennt. Der Regen, den sie kurz darauf entlassen, ist nicht mehr als ein kurzes Brausen, gierig aufgesogen von der Hitze des Abends und dem ausgedorrten Land.

Diese großartigen Sonnenuntergänge gehören zweifelsohne zu den atemberaubendsten Erlebnissen, die Namibia zu bieten hat. Doch nirgends sind sie von solcher Pracht, nirgends rauben sie der Wirklichkeit so sehr ihre Dimension wie in der Wüste Namib.

Am Rand ihres orangeroten Sandmeers sind wir auf einer Erhebung angekommen, als es Abend wird. Vor uns öffnet sich eine ockergelbe Ebene mit vereinzelten Bäumen, am östlichen Horizont gerahmt von dem mattgrauen Felsgestein eines verwitterten Bergzugs. Ein windschiefer Kameldornbaum beugt sich fotogen über das Panorama. An den Hängen um uns herum ist der Sand von kräftigem Rostrot, strohgelbe Grasbüschel ragen daraus hervor. Diese Landschaft ist ohnehin schon fremdartig genug. Doch die untergehende Sonne verwandelt sie in eine surreale Traumwelt, die uns geradezu in Euphorie versetzt. Der Sand glimmt in leuchtenden Farben auf, tanzende Schatten scheinen die hitzestarre Ebene zum Leben zu erwecken. Und die unglaublichste Verwandlung geschieht mit dem eben noch so tristen Gebirge im Osten. Denn es erstrahlt mit einem Mal in prachtvollem Pink. Auch als die Ebene sich allmählich verdunkelt, weil die Sonne hinter den westlichen Hügeln abtaucht, schweben die grellrosa Berge noch minutenlang über der dämmrigen Weite des Landes.

Endlich, als das nächtliche Anthrazit auch die Berge erfasst und die ersten Sterne am samtigen Nachthimmel funkeln, greife ich zu meinem Gin Tonic. Doch der entrückte Rauschzustand, in dem ich schwelge, ist nicht dem Alkohol geschuldet.

Gin Tonic

Zutaten pro Glas:

4 cl Gin
1 Scheibe einer unbehandelten Zitrone
Eiswürfel
Tonic Water zum Auffüllen (gut vorgekühlt)

Zubereitung:

Je nach Geschmack variiert das Mischungsverhältnis zwischen Gin und Tonic Water von 1:1 bis 1:4. Entsprechend der persönlichen Vorliebe sollte man also die Größe des Glases auswählen. Optimal ist es, das Glas vor der Zubereitung im Eisfach vorzukühlen.

Zuerst den Gin ins Glas füllen. Anschließend Tonic Water in der gewünschten Menge hinzugeben. Das Glas bis zum Rand mit Eiswürfeln füllen, nun vorsichtig verrühren. Die Zitronenscheibe längs einschneiden, an den Rand des Glases stecken und den Drink genießen.

Das im Tonic Water enthaltene Chinin wurde früher in den britischen Kolonien als Malariaprophylaxe eingesetzt. Weil Chinin alleine aber ziemlich scheußlich schmeckt, gossen die Kolonialisten Gin hinzu, um die bittere Medizin für sich erfreulicher zu machen. Allerdings ist der Chiningehalt von Tonic Water bei weitem zu gering, um einen wirksamen Malariaschutz bieten zu können. Doch die im Gin enthaltenen ätherischen Öle des Wacholders halten tatsächlich Mücken fern.

Das letzte Wort

Liebe Leser,

vielen Dank, dass Sie mich auf meiner Entdeckungsreise durch Namibia begleitet haben. Ich hoffe, dass Sie dabei genauso viel Neues gelernt haben wie ich selbst und dass der Zauber dieses Landes auch für Sie erlebbar wurde.

Versäumen Sie nicht die vielen Fotos aus Namibia auf meiner Website *www.almutirmscher.de*! Sie runden die Eindrücke aus dem faszinierenden Land von Wüste und Wildnis ab.

Natürlich freue ich mich über Ihre Tipps, Hinweise oder Anregungen und beantworte auch gerne Ihre Fragen. Schreiben Sie mir einfach an kontakt@almutirmscher.de.

Vielen Dank und…
…bis bald in Namibia!

Ihre
Almut Irmscher

Danksagung

Ich danke allen, die mich mit Tipps und Anregungen unterstützt haben. Ganz besonders danke ich wie immer meinem Mann Ulrich Otto, ohne seinen Rat, seine Korrekturen, seine Aufmunterungen und seine ständige Bereitschaft, mir alle Hindernisse aus dem Weg zu räumen, wäre meine Arbeit nicht möglich gewesen.

Mein herzlicher Dank geht an meine Freundin Rosi Seidl, die mit vielen großartigen Aufnahmen dazu beigetragen hat, die Fotoalben auf meiner Website noch eindrucksvoller zu gestalten.

Und last but not least gebührt besonderer Dank meiner Freundin Gunhild Hexamer, die mich nicht nur durch die Jahrzehnte des Lebens begleitet hat, sondern auch die Entstehung meiner Bücher jedes Mal aufs Neue unermüdlich und engagiert mit ihren Hinweisen, Korrekturen und Anregungen begleitet. Sie ist es auch gewesen, die mir überhaupt erst den Anstoß zum Schreiben gegeben hat. Ohne Gunhild gäbe es meine Bücher nicht. Gunhild ist selbst Autorin, wenn Sie sich für Nordamerika interessieren, dann empfehle ich Ihnen ihre Bücher und die Website www.ghexamer.de.

Angola
Sambia
Katima Mulilo
Opuwo
Kaokoveld
Rundu
Simba
Sambesi-Region
(Caprivizipfel)
Etosha-
Nationalpark
Grootfontein
Tsumkwe
Skelettküste
Waterberg
Brandberg
Omaruru
Botswana
Swakopmund
Windhoek
Walvis Bay
Kuiseb-Canyon
Solitaire
Sesriem
Sossusvlei
Mariental
Atlantischer
Ozean
Helmeringhausen
Keetmanshoop
Lüderitz
Kolmanskuppe
Fischfluss-
Canyon
Südafrika
|Ai-|Ais
Oranjemund

Giraffe im Bergland bei Windhoek

Deadvlei

Solitaire

Himba-Frau

San-Frau

Wohnhaus in der Kunene-Region

Unterwegs mit einer Gruppe von San

Deadvlei

In der Namib

Sonnenuntergang in der Omaruru-Region

Herero-Frauen

Pelikane in Walvis Bay

Abendstimmung in der Namib

Giraffe im Etosha-Nationalpark

Löwen im Etosha-Nationalpark

Rosi Seidl: Springböcke und Elefanten im Etosha-Nationalpark

Dumbo

Rosi Seidl: Flug über die Namib

Dürre und Tod

Wüstenelefanten kreuzen die Pad

Kolonie von Seebären

Sossusvlei

Oryxantilope

Begegnung von Impala, Schakal und Hyäne im Etosha-Nationalpark

Zebras im Etosha-Nationalpark

Feedback
Wie hat Ihnen das vorliegende Buch gefallen?
Bitte scannen Sie den QR-Code und beantworten Sie uns gerne einige Fragen. Das hilft dem MANA-Verlag auch bei der Entwicklung neuer Titel.
Vielen Dank!